新New Shadowing シャドーイング

日本語を話そう！

Let's speak Japanese!
来说日语吧！ 일본어를 말하자！

齊藤仁志・深澤道子・掃部知子・酒井理恵子・中村雅子・吉本惠子 (著)

初～中級 編
Beginner to Intermediate Edition
초～중급篇 초～중급편

English, Chinese, Korean
translations
英語・中国語・韓国語 訳版

くろしお出版

はじめに

　学習者のニーズは多様化し、「自分らしい日本語を使いたい」「日本語で等身大の自分を表現したい」という要求がますます強まっています。そういった学習者のニーズに応えようと、2006年9月に会話力の向上を目的にした教材、『シャドーイング　日本語を話そう　初〜中級編』を刊行しました。本書が目指したのは教室の外で日常的に使われている新鮮な日本語を学習者に届け、実際に使ってもらえるようにすることです。そのために初級の日本語学習者からでもシャドーイングの練習を始めやすいように、現実的でありながら、レベルに適した短いやりとりの会話を満載しました。また、興味や関心を引く多様な場面を設定しました。

　シャドーイングは「知的に理解できるレベル」から「運用できるレベル」にまで引き上げるための練習方法です。繰り返し練習することで、文の組み立てに向かっていた意識が、無意識でできるようになります。その結果、質問に対し即座に「するっ」と言葉が出てくるようになり、発音もよくなります。このように日本語を体得させる練習、それがシャドーイングです。2006年の初版刊行以来、これまで多くの学習者や日本語教育機関で本書が使われ、多くのご支持をいただいてきました。それは著者一同にとって大きな喜びであり、大きな励みにもなりました。こうした長年のご愛顧に感謝する一方、気づけば初版から14年もの歳月が流れました。この間、大きな社会変容が起き、私たちのコミュニケーションの取り方を含め様々な変化が起こりました。そしてこの変化に対応した本書の改訂を強く考えるようになりました。今回の改訂では、今を生きる会話へと大きなシフトチェンジを試みました。大きな改訂ポイントは、1）時代に合ったテーマ、トピック、シチュエーションで、よりリアルで日常的な会話スクリプトに刷新、2）諺や慣用句のような年齢を問わず使える表現に加え、教室では習わない新しい言葉、略語、カタカナ語、若者言葉など幅広い方がすぐに使える表現が満載、3）短くて気軽にできる会話だけでなく、日常場面（コンビニ、病院など）の長い会話や独話（モノローグ）も、1ユニット増設で追加収録しました。また初級から中級（N5〜N2）までの文法を広くカバーし、その結果、無理なく段階的に学べるものとなりました。学習者の皆さんが目標とする実用的で自分らしい日本語を楽しみながら身につけるために本書が少しでもお役に立つことを願っています。

　最後に、本書の改訂に最後まで辛抱強く私たち著者を励まし、ガイドしてくださった編集担当の市川麻里子さんに心から感謝し、お礼申し上げます。また初版出版に際し、多くのご指摘ご助言をいただいた広島大学の迫田久美子先生にあらためてお礼を申し上げます。

著者一同

CONTENTS

● シャドーイングとは

　シャドーイングとは**流れてくる音声を聞きながら「影」のようにすぐ後ろをできるだけ忠実に声に出して言う練習**です。音声を聞いて、各々のスピードで繰り返すリピートとは異なり、**聞くと話すを同時に行う**負荷の高い学習法です。そのため適切なレベルの音声教材を選ぶことで、初級学習者からでも高い学習効果が期待できます。シャドーイングを繰り返し行うことで、「聞いてわかる」あるいは「ゆっくり考えればわかる」を「すぐに話せる」、「即座に使える」に引き上げる効果があります。日常的に短い時間行うだけで高い効果があり、適切な音声があれば気軽に練習できることも魅力です。

● シャドーイングの効果

シャドーイングには大きく3つの効果があります。

❶ 日本語の運用力

シャドーイングは聞いたことを即座に話すことを求める認知負荷の高い練習です。これを繰り返すことで高速で日本語を処理する能力が高まり、日本語力全体の運用力が高くなります。

❷ イントネーション

できるだけ忠実にモデルの音声を復唱することで、日本語の自然なイントネーションが身につきます。定番のフレーズだけでなく、文末のイントネーションなど「日本語らしさ」が自分のものになります。

❸ 発話力

シャドーイングを繰り返し練習することで語彙や文法が自然に定着し蓄積されます。そのため、状況に即した表現が、スーっと口から出てくるようになります。

● 本書の効果

　本書は日本語学習者が話したくなる、使いたくなる表現や会話を日本語レベル別に集め、**日本語を楽しく身につけることができるシャドーイング教材**です。

　最初のうちは、シャドーイングという練習が困難かもしれませんが、「意味がわかる」で満足せず、「使える」まで根気よく何回も練習してみてください。みなさんの生活に合った表現や話したい表現、好きな表現を見つけて楽しく練習してください。だんだん慣れてきて効果が表れ、いつの間にか**日本語がスラスラと口から出てくる喜びと達成感を得られる**でしょう。

本書は**初級～中級の日本語学習者**を対象としています。6つのユニットから成り、ユニットごとに難易度が徐々に上がっていきます。スクリプトは、**日常会話（友人、家族、店員、バイト先など）、ビジネス会話（同僚、上司、取引先など）、長い会話、独話（モノローグ）**と種類も豊富なので、自分のレベルとニーズに合わせて練習しましょう。

ユニット	レベル	主な文法と表現
Unit 1	**初級** N5,N4相当	挨拶、～ましょう、～てください、～ので、～し～し、～円・本・階・回　etc
Unit 2	**初級～初中級** N5,N4,N3相当	もう/まだ、～ませんか、～つもり、～んです、～てみる、～ている、～らしい、～そうです、～たら、～たことがある　etc
Unit 3	**初中級** N4,N3相当	～ている/ある、～する/したところ、～つもり、もらう/くれる/あげる、～ようにしている、～ことになった、～らしい、～みたい　etc
Unit 4	**初中級～中級** N3,N2相当	～だって、～っぽい、～もん、～とは限らない、～きり、～がけ、～だからって、～っけ、～がっている　etc
Unit 5	**初中級～中級** N3,N2相当	～ておいて、～てくれるなら、～ことだ、～以上に、～次第、～以来、～つつ　etc
Unit 6 （長い会話・独話）	**中級** N3,N2相当	～でしょうか、確かに、～のではないでしょうか、さらに、やはり、とりあえず　etc

6つのユニットから成り立っています。

各ユニットには、10のセクションがあります。会話は難易度に関係なくランダムに並んでいます。

音声番号

脚注は**各ユニットの最終ページ**に、意味や文化的な背景の解説が載っています。

カジュアルマーク ©

ディファレントマーク ⑩

フォーマルマーク Ⓕ

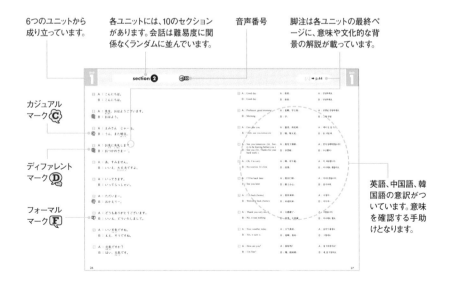

英語、中国語、韓国語の意訳がついています。意味を確認する手助けとなります。

● シャドーイングの進め方

時間◉**1日10分程度**が目安です。短い時間でも毎日続けることが効果的です。3ヶ月で1ユニットを目安に練習しましょう。

練習方法◉日常生活で使う実用的な短い会話から、長い会話、モノローグと様々なスクリプトがあります。自分のレベルに合う、やってみたいと思う会話を選んで楽しく練習してください。

STEP 1	テキストの意味を確認し、脚注の言葉は章末の解説で確認します。
STEP 2	テキストを見ながら音を確認します。 ◉**サイレント・シャドーイング** 聞こえてくる音を声に出さずに頭の中で言う練習法です。
STEP 3	テキストを見ないで口を動かします。 ◉**マンブリング** 聞こえてくる音をブツブツ小声でつぶやく練習法です。イントネーションの感覚をつかみましょう。
STEP 4	テキストを見ながら、音声に続いて声に出しシャドーイングします。 ◉**スクリプト付きシャドーイング** スクリプトを見ながら音声を聞き、すぐ後を復唱します。
STEP 5	慣れてきたら、テキストを見ないでシャドーイングをします。 ◉**プロソディ・シャドーイング** リズムやイントネーションに特に注意してシャドーイングする練習法です。例えば「あー」と「あ〜」のイントネーションが異なります。意識して練習しましょう。 ◉**コンテンツ・シャドーイング** スクリプトの意味を理解し意識しながらシャドーイングする練習法です。実際のコミュニケーション場面で使うことを想像しながら練習をしてください。自然な日本語が身につき、日本語がスラスラと話せるようになります。

※ 会話のAだけ、またはBだけをシャドーイングしてもかまいません。

※ ペアになって、それぞれAとBの役割を決めて練習してもいいでしょう。

※ 途中で音声についていけなくなったら、次の会話から始めましょう。

※ 自分のレベルや弱点に合わせて様々な練習方法を試してみましょう。

● 本書の特徴

　本書は、**様々な場面で日常生活で実際に使える自然な会話**を収録しました。縮約形（「やっぱり」→「やっぱ」などの形）や、慣用句や諺、流行の表現、若者言葉など**日本人が普段使っている言葉をそのまま取り入れて**います。内容は挨拶や生活に密着した実用的なことから駄洒落や言葉遊びまで幅広く入っています。また、**友達、家族、上司と部下、同僚、店員、医者など様々な人間関係を取り入れ、日常場面だけでなくビジネス場面でもすぐに使える表現が満載**です。

　会話は一つの状況や場面に集約せず、ランダムに並べてあります。様々な会話がランダムに出てくることで、いつも新鮮な気持ちで練習が続けられ、また、**話題が変わりやすい雑談の場面に慣れるためにも効果的**です。

● 表記、アイコンについて

❶ Unit1-3では全ての漢字に、Unit4-6には初出の漢字にルビが振ってあります。

❷ 「—」は長く伸ばした音を表します。「〜」は感情が特に揺れていること、疑いや、不満、驚きの気持ちなどを表します。イントネーションに特に注意しましょう。

❸ 口語表現に近づけるため、できるだけ音声に忠実に書き表しました。ですから本書には様々な縮約形、音便が使われています。

　　例： やっぱり → やっぱ

　　　　食べてしまいました → 食べちゃった

　　　　予約しておく → 予約しとく

　　　　わからない → わかんない

❹ 話す相手や場面によって話し方を変える目安としてアイコンをつけてあります。

　　Ⓕ フォーマルマーク …………… お互いに丁寧に話している会話
　　　　　　　　　　　　　　　　　（ビジネスやフォーマルな場面など）

　　Ⓒ カジュアルマーク …………… お互いにカジュアルに話している会話
　　　　　　　　　　　　　　　　　（友達、家族など）

　　Ⓓ ディファレントマーク ……… 一方が丁寧に、一方がカジュアルに話している会話
　　　　　　　　　　　　　　　　　（上司と部下、先生と生徒、客と店員など）

● 音声について 🔊

音声はこちらからダウンロードして、練習してください。

https://www.9640.jp/shadowing/

※CDは別売りです。

⚠ 無断でウェブにアップロードすることは違法です。

● Shadowing is...

Shadowing is **a practice method in which a person listens to the audio and follows immediately what s/he hears, like a "shadow" as faithfully as possible by voicing it**. Unlike repeating exercises where a person listen to the audio and repeats it at his/her own pace, **shadowing imposes a greater workload, as it requires listening and speaking at the same time**. As such, by selecting audio materials at the appropriate level, even learners at the beginner's level can expect good results. Repeating shadowing exercises effectively helps improve Japanese from "I understand when I listen" or "I understand if I take time to think" to "I can speak right away" or "I can use it right away." Doing shadowing exercises for a short time every day is highly effective, and it is also attractive that all you need is an appropriate audio to practice.

● Effects of Shadowing

Shadowing offers 3 main effects

❶ Japanese Proficiency

Shadowing is a practice method that imposes a heavy cognitive workload that requires learners to immediately say what they hear. Repeating like this enhances the ability to process Japanese at high speed and improves overall Japanese proficiency.

❷ Intonation

By repeating model sentences (audio) as faithfully as possible, the learner can acquire natural Japanese intonation. This includes not just regular phrases, but also things like intonation at the end of the sentences.

❸ Speaking Ability

Repeating shadowing exercises enables the learners to naturally acquire and retain vocabulary and grammar points. As such, expressions suitable for a given situation will trip out from the learners' mouth.

● Effectiveness of this book

This book is a collection of shadowing teaching materials that offers expressions and dialogs learners will want to say or use, and **thus encourages the joy of learning Japanese**.

At the beginning, practicing shadowing may be hard to do, but please don't be satisfied just at "I can understand the meaning" but practice tenaciously, as many times as necessary until you get to the point of "I can use it." Find expressions that suit your lifestyle or that you want to use or that you like, and enjoy practicing them. Once you get used to the routine, the results will show, so before you know it, **you will be able to speak fluent Japanese and be rewarded with the joy of accomplishment**.

This book is geared toward Japanese learners **from the beginner to intermediate levels.** There are 6 units in total and the level of difficulty increases gradually in each level. You will find a variety of scripts, **such as conversation for day-to-day life, (friends, family, shop attendants, part-time job, etc.), dialogs in business settings (colleagues, bosses, clients, etc.) as well as long conversations and monologues**; so practice Japanese to suit your needs and level.

Unit	Level	Key Grammar and Expressions
Unit 1	**Beginners** Equivalent to N5 & N4	Greetings、〜ましょう、〜てください、〜ので、 〜し〜し、〜円・本・階・回　etc
Unit 2	**Beginners to** **Pre-intermediate** Equivalent to N5, N4 & N3	もう/まだ、〜ませんか、〜つもり、〜んです、 〜てみる、〜ている、〜らしい、〜そうです、〜たら、 〜たことがある　etc
Unit 3	**Pre-intermediate** Equivalent to N4 & N3	〜ている/ある、〜する/したところ、〜つもり、 もらう/くれる/あげる、〜ようにしている、 〜ことになった、〜らしい、〜みたい　etc
Unit 4	**Pre-intermediate** **to Intermediate** Equivalent to N3 & N2	〜だって、〜っぽい、〜もん、〜とは限らない、〜きり、 〜がけ、〜だからって、〜っけ、〜がっている　etc
Unit 5	**Pre-intermediate** **to Intermediate** Equivalent to N3 & N2	〜ておいて、〜てくれるなら、〜ことだ、〜以上に、 〜次第、〜以来、〜つつ　etc
Unit 6 (long conversations and monologues)	**Intermediate** Equivalent to N3 & N2	〜でしょうか、確かに、〜のではないでしょうか、 さらに、やはり、とりあえず　etc

The book consists of 6 units.

There are 10 sections to each unit. The dialogs are laid out randomly, irrespective of the level of difficulty.

Audio number

Footnotes explaining meanings and cultural background can be found on the last page of each unit.

Casual mark

Difference Marker

Formal mark

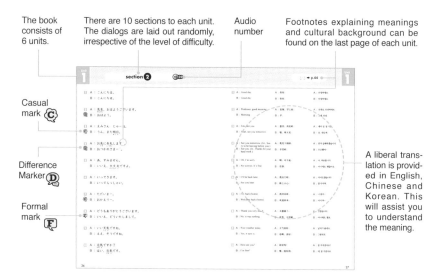

A liberal translation is provided in English, Chinese and Korean. This will assist you to understand the meaning.

How to use the book and its features

How to proceed with shadowing

Time ◉ As a guide, **practice 10 min. a day**. Continuing this every day, even for a short period of time, is effective. Practicing 1 unit over 3 months is the goal.

How to practice ◉ The book contains various scripts, from short practical dialogs we use in our daily life, to long conversations and monologues. Choose a dialog that is suitable for you and that you would like to try, then enjoy it as you practice.

STEP 1	Look at the text and check the meaning.
STEP 2	**Check the audio while looking at the text.** ◉ **Silent shadowing** This is a practice method in which you say what you hear in your head--without saying it out loud.
STEP 3	**Move your mouth without looking at the text.** ◉ **Mumbling** This practice method entails mumbling what you hear in a low voice. Get the feel for the intonation.
STEP 4	**Follow the audio and do the shadowing, saying it loud while looking at the text.** ◉ **Shadowing with the script** Listen to the audio while looking at the script and repeat immediately after the audio.
STEP 5	**When you get used to doing this, then do the shadowing without looking at the text.** ◉ **Prosody shadowing** This practice method takes particular aim at tuning in on rhythm and intonation. For example, the intonations for "Ah" and "Oh" are different. Be mindful of them as you practice. ◉ **Content shadowing** In this practice method, you understand and are aware of the meaning of the script during shadowing.

※Choose A only or just B to do shadowing is OK.

※You could pair up with your conversation partner and practice the roles of A and/or B.

※If it becomes difficult to follow the dialog part way through, then start over from the next dialog.

※Try various practice methods to best suit your level or your weak points.

● Features of the book

This book provides recorded, **natural conversations that can be used in various scenes in our everyday life. The book covers words Japanese use, just as they are**, such as contracted forms (the form such as "Yappari" to "Yappa"), idioms and proverbs, buzzwords, and youth language (slang). The content covers a wide range, from greetings, practical matters closely related to our living, to puns or plays on words. Moreover, the book takes into consideration **various human relationships, including friends, family, bosses, subordinates, colleagues, shop attendants, doctors, etc., offering a multitude of expressions that can be used not only in our daily life but also in business**. The dialogs are not concentrated around one particular situation or scenario, but are listed randomly. Because various dialogs are randomly presented, the learners can continue practicing withal refreshed frame of mind, and this is **effective for learners to get used to having a chat, in which topics may change very quickly and often**.

● Description(Writing) and icons

❶ The readings of kanji are provided for all the kanji from Unit 1 to 3, and the kanji that appear for the first time in Units 4-6.

❷ "ー" indicates an elongated sound. "〜" indicates some kind of uncertainty, such as doubt, dissatisfaction, surprise.

❸ Sounds are written out to replicate the actual sound, so they sound like colloquial expressions.

例: やっぱり → やっぱ
　　食べてしまいました → 食べちゃった
　　予約しておく → 予約しとく
　　わからない → わかんない

❹ Icons are added as a guide to change the manner of speaking to suit the situation or person you are speaking with.

Ⓕ Formal mark ⋯⋯⋯⋯⋯ A dialog spoken in polite (honorific/humble) expressions.

Ⓒ Casual mark ⋯⋯⋯⋯⋯ A dialog spoken in casual language (such as with friends and family) .

Ⓓ Difference marker ⋯⋯⋯ One person speaks in polite form and the other in casual form (such as a boss and his/her subordinate, teacher and student, customer and shop attendant).

● Audio Files

Please download audio files and use them for practice.

https://www.9640.jp/shadowing/

※CD sold separately.

⚠ It is illegal to upload something to the Web without asking for permission.

● 所谓影子跟读

影子跟读，是一种一边听语音，一边如"影子"般紧跟其后，尽可能还原地跟读、**再现语音的一种练习方式**。不同于在听了语音之后进行各种速度的复述，影子跟读，是一种**听和说同时进行**的高负荷学习法。因此，选择难度等级合适的语音教材，可以为初级的学习者带来较好的学习效果。反复进行影子跟读的练习，可以促使学习者从"听了能懂"或者"慢慢思考能明白"的水平，飞跃到"脱口而出"、"立刻就能使用"的程度。日常进行短时间的练习即可带来好的效果。只要有合适的语音就可以随时进行练习。

● 影子跟读的效果

影子跟读主要有三大效果

❶ 日语的运用能力

影子跟读要求听到语音的瞬间就要说出来，是一种有高度认知负担的练习。通过反复的练习，可以提高大脑的日语处理能力，从而提高日语整体的运用能力。

❷ 语音语调

尽可能忠实地再现语音范本，可以掌握自然的日语语音语调。不只是固定的短句，也可以掌握各种句末的语音语调中所包含的"日语感"。

❸ 口头表达能力

通过影子跟读的反复练习，可以自然而然地增加词汇和语法的积累。因此渐渐地，就能在相应的情况下，脱口而出相应的表达方式。

● 本书的效果

本书按日语的难度等级，整理并收集了日语学习者会想说的，想用的表达方式和会话。**是一本能够帮助学习者轻松愉快地学习日语的影子跟读教材。**

刚开始，影子跟读的练习可能会有些难度。还请不要满足于只理解意思。要坚持反复练习，直至能够熟练使用。请大家找到符合自己生活的，自己想说的表达方式，找到自己中意的表达方式来进行愉快的练习。再联系的过程中，渐渐地就会习惯了，效果也会渐渐显露出来。在不知不觉中，就能**享受到那种日语流利地脱口而出时的成就感。**

本书面向的是**初级～中级的日语学习者**。由 6 个单元组成。各个单元的难易度将会逐渐攀升。会话的脚本包含了：**日常会话（和朋友、家人、店员，在打工的地方）**、**商务会话（和同事、上司、交易对象等）**、**长对话**、**独白**这些会话形式，请结合自己的能力水平和需求来进行练习。

单元	等级	主要的语法和表达方式
Unit 1	初级 相当于N5,N4	寒暄; 打招呼、～ましょう、～てください、～ので、 ～し～し、～円・本・階・回 etc
Unit 2	初级～初中级 相当于N5,N4,N3	もう/まだ、～ませんか、～つもり、～んです、 ～てみる、～ている、～らしい、～そうです、～たら、 ～たことがある etc
Unit 3	初级中期 相当于N4,N3	～ている/ある、～する/したところ、～つもり、 もらう/くれる/あげる、～ようにしている、 ～ことになった、～らしい、～みたい etc
Unit 4	初级中期～中级 相当于N3,N2	～だって、～っぽい、～もん、～とは限らない、～きり、 ～がけ、～だからって、～っけ、～がっている etc
Unit 5	初级中期～中级 相当于N3,N2	～ておいて、～てくれるなら、～ことだ、～以上に、 ～次第、～以来、～つつ etc
Unit 6 （长对话、独白）	中级 相当于N3,N2	～でしょうか、確かに、～のではないでしょうか、 さらに、やはり、とりあえず etc

由6个单元组成。

各个单元分为10小节。各对话是随机排列的，与难度无关。

音频序号

关于所注释的意思和文化背景等解说内容，整合在各个单元的最后

较为日常随意的会话 **C**

双方说话形式不同 **D**

较为正式的会话 **F**

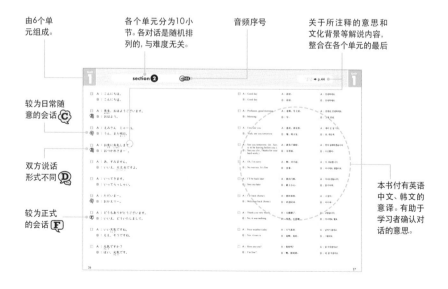

本书付有英语中文、韩文的意译。有助于学习者确认对话的意思。

● 影子跟读的练习方法

时间◉**每天10分钟左右**为佳。虽然时间短，但只要坚持每天练习就会有效果。建议每3个月完成一个单元的内容。

练习方法◉本书中包含有日常生活中会用到的比较实用的短对话、长对话、独白等各种各样的会话脚本。请选择适合自己日语能力水平的、或自己想要尝试的对话来进行愉快的练习吧。

STEP 1	一边看文字，一边确认意思。
STEP 2	**一边看文字，一边确认发音。** ◉**影子默读法** 不发出声音，在脑海中跟读的练习方法。
STEP 3	**不看文字，动口跟读。** ◉**轻声跟读法** 用能够听到的声音小声跟读的练习方法。以此来掌握句中的语音语调。
STEP 4	**一边看文字，一边紧跟录音发出声音进行跟读。** ◉**结合脚本的影子跟读法** 一边对话的脚本，一边紧跟音频复述。
STEP 5	**习惯了之后可以不看文字进行影子跟读。** ◉**注重发音的影子跟读** 将重心放在节奏和语音语调上的影子跟读练习法。比如"あー"和"あ〜"的语调是不同的。将注意力放在这些部分进行练习。 ◉**重视语义的影子跟读** 将重心放在理解脚本的意思上来进行的影子跟读练习法。在练习时，想象着自己是在实际的交流中进行这些对话。这样可以掌握自然的日语说话方式，从而能够流畅地用日语进行表达。

※ 可以只对A或者B的部分进行影子跟读。

※ 练习时，可以两两搭档，分别演绎A和B的部分。

※ 如果在途中跟不上录音了，可以跳过，跟读下一对话。

※ 可以结合自身的弱点，尝试各种练习方法。

● 本书的特点

　本书中，收录了**在日常生活的多种情境下所进行的自然的会话**。如：缩约形（"や っぱり"→"やっぱ"等）、惯用句、俗语、时下的一些表达方式、年轻人用语等。我 们将这些**日本人平时说的话语，都原原本本地收录在了书中**。内容上，从寒暄等贴 近日常生活的一些表达，到一些俏皮话、文字游戏等，都收录在书中。**会话的对象 有朋友、家人、上司和下属、同事、店员、医生等各种各样的人物形象。除了日常 生活中的一些情境，在商务情境中常用的一些表达方式也都详尽地收录在内**。

　这些会话并非按情境集中整理，而是随机排列的，各种各样的会话会随机地出现。 因此在练习时随时都能保持新鲜感。**也有助于适应日常交谈中话题多变的情况**。

● 关于标记、标识

❶ 在 Unit1-3 中的所有汉字，以及 Unit4-6 中各对话中第一次出现的汉字都标注了假名。

❷ "ー"表示延长的拖音，"～"表示情感的波动，包括怀疑、不满、惊讶等各种情绪。 在练习时，需对语音语调多加注意。

❸ 为了尽可能的接近口语，在文字的表达上也忠实再现了发音。因此，本书中也收 纳了各种各样的缩约形、音变等特殊的发音。

　　例：やっぱり → やっぱ

　　　　食べてしまいました → 食べちゃった

　　　　予約しておく → 予約しとく

　　　　わからない → わかんない

❹ 书中根据说话的对象和场景，标注了在不同情境下的说话方式有何不同。

　　🄵 表示较为正式的会话 ………… 双方都用敬语进行对话的会话
　　　　　　　　　　　　　　　　　（在商务情境和一些较正式的场合等）

　　🄲 表示较为日常随意的会话 …… 双方都用日常随意的说话方式进行对话
　　　　　　　　　　　　　　　　　（朋友、家人之间等）

　　🄳 表示双方说话形式不同 ………… 一方用敬语，一方较为日常随意的说话方式进行的对话
　　　　　　　　　　　　　　　　　（上司和下属、老师和学生、客人和店员等）

● 关于音频

请从此处下载音频进行练习。

https://www.9640.jp/shadowing/

※CD另售

⚠ **未经许可上传至网络属违法行为。**

17

● 새도잉이란

　새도잉 이란 **음성을 들으면서 바로 뒤따라 소리 내어 말하는 연습**을 말합니다. 마치 그림자처럼 충실하게 소리를 재현하는 것입니다. 음성을 듣고 자신의 속도로 반복 연습하는 것과 달리 듣고 말하기를 동시에 해야 하는 학습법입니다. 그렇기 때문에 자신에게 맞는 단계의 음성 교재를 고르는 것이 학습효과가 큽니다. 새도잉을 반복함으로써 '듣고 이해한다' 혹은 '천천히 생각하면 알아듣는다'에서 '바로 말한다', '즉시 쓸 수 있다'로 향상시키는 효과가 있습니다. 시간 투자에 비해 효과가 높으므로 적절한 음성이 있으면 부담 없이 연습할 수 있는 것도 매력입니다.

● 새도잉의 효과

새도잉에는 크게 세 가지 효과가 있습니다.

❶ 일본어 구사력

새도잉은 들은 것을 거의 동시에 말해야 하기 때문에 높은 정보처리 능력을 필요로 하는 연습입니다. 이것을 반복함으로써 고속으로 일본어를 처리하는 능력이 높아지고 전체적인 일본어 구사력이 향상됩니다.

❷ 인토네이션(억양)

들리는 음성을 가능한 그대로 따라하면서 자연스러운 일본어 억양을 익힐 수 있습니다. 많이 사용하는 표현 외에도 문말의 억양등 '자연스러운 일본어'가 자신의 것이 됩니다.

❸ 발화능력

새도잉을 반복 연습하면 어휘와 문법이 자연스럽게 정착되고 축적됩니다. 그래서 상황에 맞는 표현이 입에서 자연스럽게 나오게 됩니다.

● 이 책의 효과

　이 책은 일본어를 공부하는 사람이 유용하게 쓸 수 있는 표현이나 회화를 단계별로 모아 놓아 **일본어를 재미있게 익힐 수 있는 새도잉 교재**입니다.

　처음에는 새도잉이 어려울지도 모릅니다. '뜻은 아는데'에서 만족하지 않고 '구사할 수 있다'라는 수준이 될 때까지 꾸준히 몇 번이고 연습해 보시길 바랍니다. 여러분의 생활에 맞는 표현이나 말하고 싶은 표현, 좋아하는 표현을 찾아서 즐기듯이 연습해 보시길 바랍니다. 점점 익숙해지면서 효과가 나타나, 어느 날 갑자기 **일본어가 트이는 기쁨과 성취감**을 느낄 수 있을 겁니다.

이 책은 **초급~중급 분들을 대상**으로 하고 있습니다. 여섯 개의 유닛으로 구성되어 있으며 각 유닛마다 난이도가 올라갑니다. 지문은 **일상회화(친구, 가족, 가게 직원, 아르바이트 등)**, **비즈니스 회화(직장동료, 상사, 거래처 등)**, **장문의 회화, 모놀로그** 등 종류가 다양하므로 자신의 단계와 니즈에 맞추어 연습해 봅시다.

유닛	단계	주요 문법과 표현
Unit 1	**초급** N5,N4 상당	인사, ～ましょう、～てください、～ので、～し～し、 ～円・本・階・回　etc
Unit 2	**초급~초중급** N5,N4,N3상당	もう/まだ、～ませんか、～つもり、～んです、 ～てみる、～ている、～らしい、～そうです、～たら、 ～たことがある　etc
Unit 3	**초중급** N4,N3상당	～ている/ある、～する/したところ、～つもり、 もらう/くれる/あげる、～ようにしている、 ～ことになった、～らしい、～みたい　etc
Unit 4	**초중급~중급** N3,N2상당	～だって、～っぽい、～もん、～とは限らない、～きり、 ～がけ、～だからって、～っけ、～がっている　etc
Unit 5	**초중급~중급** N3,N2상당	～ておいて、～てくれるなら、～ことだ、～以上に、 ～次第、～以来、～つつ　etc
Unit 6	**중급** N3,N2상당	～でしょうか、確かに、～のではないでしょうか、 さらに、やはり、とりあえず　etc

여섯개의 유닛으로 되어있습니다.

각 유닛에는 열 개의 섹션이 있습니다. 회화 순서는 난이도에 관계없이 랜덤입니다.

음성 번호

각주는 각 유닛의 마지막 페이지에 배치했으며 그 뜻과 문화적 배경에 대해 쓰여 있습니다.

캐주얼 마크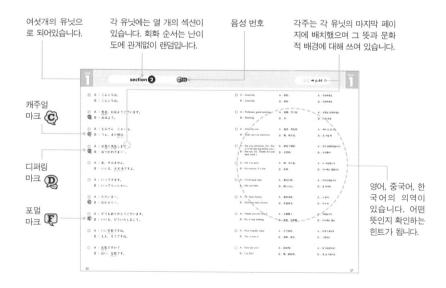

디퍼링 마크

포멀 마크

영어, 중국어, 한국어의 의역이 있습니다. 어떤 뜻인지 확인하는 힌트가 됩니다.

● 새도잉 방법

시간●1일 10분 정도가 적당합니다. 짧은 시간이라도 매일 연습하는 게 효과적입니다. 3개월에 1유닛으로 잡고 연습합시다.

연습 방법●일상생활에서 사용하는 실용적인 짧은 회화부터 긴 회화, 모놀로그 같은 다양한 지문이 있습니다. 자신의 단계에 맞게 해 보고 싶은 부분을 골라 즐겁게 연습해 봅시다.

스텝 1	책을 보고 뜻을 확인합니다.
스텝 2	**책을 보면서 소리를 확인합니다.** **●사일런트 새도잉 (Silent shadowing)** 들리는대로 머릿속에서 말하는 연습법입니다.
스텝 3	**책을 보지 않고 입을 움직입니다.** **●멈블링 (Mumbling)** 작게 중얼거리며 따라하는 연습법입니다. 억양에 대한 감각을 익힙시다.
스텝 4	**책을 보면서 들리는 음성을 따라 소리를 내어 연습합니다.** **●지문 첨부 새도잉** 지문를 보면서 소리를 듣고 바로 따라합니다.
스텝 5	**적응되면 책을 보지 않고 새도잉을 합니다.** **●프로소디 새도잉 (Prosody shadowing)** 리듬이나 억양을 주의해서 새도잉하는 연습법입니다. 예를 들면 '아-'와 '아~'의 억양이 다릅니다. 의식해서 연습합시다. **●컨텐츠 새도잉 (Contents shadowing)** 지문의 뜻을 이해하고 의식하면서 새도잉을 하는 연습법입니다. 실제 커뮤니케이션에서 쓰는 것을 상상하면서 연습해 봅시다. 자연스러운 일본어가 익어 입에서 자연스럽게 나오게 됩니다.

※ 회화의 A만 혹은 B만을 새도잉 해도 됩니다.

※ 옆사람과 A와 B의 역할을 정해서 연습해도 됩니다.

※ 새도잉을 하다가 음성을 따라갈 수 없으면 다음 회화부터 시작합시다.

※ 자신의 단계와 약점에 맞춰 여러가지 연습 방법을 시험해 봅시다.

● **이 책의 특징**

　이 책은 **다양한 상황에서 일상생활에서 실제로 사용하는 자연스러운 회화를** 담았습니다. 축약형("やっぱり"→ "やっぱ"등), 관용구, 속담, 유행어, 젊은 사람들이 쓰는 표현 등 **일본인들이 평소에 사용하는 말을 그대로** 담았습니다. 내용은 인사나 생활밀착형 실용표현부터 아재개그와 언어유희까지 폭넓게 들어 있습니다. 또한, **친구, 가족, 상사와 부하, 직장동료, 가게 직원, 의사 등 다양한 인간관계를 설정해 일상생활에서 쓰는 표현 뿐만 아니라 비지니스에서도 바로 사용할 수 있는 표현입니다.** 각 회화는 내용이 이어지지 않고 랜덤으로 나옵니다. 다양한 회화가 랜덤으로 나오므로 항상 새로운 마음으로 연습할 수 있고, **화제가 자주 바뀌는 잡담과 같은 상황에 적응하는 데도 효과적**입니다.

● **표기, 아이콘에 대해**

❶ Unit1-3는 모든 한자에, Unit4-6은 처음 나온 한자 위에 히라가나표기를 했습니다.

❷ 「—」은 장음을 나타냅니다. 「~」은 감정에 동요가 있을 때, 의심, 불만, 놀라움 등의 기분을 나타냅니다. 억양에 각별히 주의합시다.

❸ 구어 표현에 가깝도록 가능한 음성을 그대로 표기했습니다. 그 때문에 이 책에는 다양한 축약형, 음편(발음이 바뀌는 것)이 사용되었습니다.

　例: やっぱり → やっぱ

　　　食べてしまいました → 食べちゃった

　　　予約しておく → 予約しとく

　　　わからない → わかんない

❹ 대화상대가 상황에 따라 말투를 바꾸는 부분에 아이콘을 붙였습니다.

　Ⓕ **포멀마크**　·················　**서로 존댓말을 쓰는 회화**
　　　　　　　　　　　　　　(비지니스나 공적인 상황)

　Ⓒ **캐주얼마크**　···············　**가까운 사이의 회화**
　　　　　　　　　　　　　　(친구, 가족 등)

　Ⓓ **디퍼링마크**　···············　**한쪽은 존댓말, 다른쪽은 반말로 말하는 회화**
　　　　　　　　　　　　　　(상사와 부하, 선생님과 학생, 손님과 가게 직원등)

● **음성에 대해**

음성은 여기에서 다운받아 연습하세요.

https://www.9640.jp/shadowing/

※CD는 별도로 구매해야 합니다.

⚠ **무단으로 인터넷에 업로드하는 것은 불법입니다.**

21

挨拶や短い会話から日本語の音やリズムに慣れ
ていきましょう。基本的な文法を使って、日本
人といろいろなコミュニケーションができます。

Let's get accustomed to the sounds and rhythms
of Japanese starting with greetings and short di-
alogs. You can communicate with Japanese peo-
ple in various ways using essential grammar.

通过寒暄及小对话来习惯日语的发音与节奏吧！用基础
语法，即可与日本人进行各种各样的交流。

인사나 간단한 대화로 시작해서 일본어의 소리와 리듬에 적응
해 갑시다. 기본적인 문법을 가지고 일본인과 다양한 의사소
통을 할 수 있습니다.

レベル 1	初級 Beginner 初学者　초급		初中級 Pre-intermediate 初学者-中級　초중급		中級 Intermediate 中级　중급
	◎ 丁寧体	Polite style	敬体	정중체	◎ 挨拶
	◎ 普通形	Plain form	简体	보통형	◎ ～ましょう
	◎ 意向形	Volitional form	意向形	의향형	◎ ～てください
	◎ て形	*Te* form	て形	て 형	◎ ～ので
	◎ 助数詞	Counter	量词	조수사	◎ ～し～し
					◎ ～円・本・階・回 etc

1 A : これですか？

B : はい、それです。

2 A : え～、どれ？ これ？

© B : うん、それ。

3 A : おいしい？

© B : うん、おいしいよ。

4 A : いいですか？

B : はい、いいです。

5 A : きれい？

© B : うん、きれい。

6 A : 本当ですか？
ほんとう

B : 本当ですよ。
ほんとう

7 A : 大野さん？
おお の

© B : はい、大野です。
おお の

8 A : いい？

© B : うん、いいよ。

9 A : ここですか？

B : はい、そこです。

10 A : わかった？

Ⓓ B : はい、わかりました。

1 A : Do you mean this one?

B : Yes, that one.

A：这个吗？

B：对，就是这个。

A：이거요?

B：네, 그거요.

2 A : Um, which one? This?

B : Yeah, that one.

A：呃，哪个？这个？

B：对，就是这个。

A：어…. 어느 거? 이거?

B：응, 그거.

3 A : Is it delicious?

B : Yeah, it's delicious.

A：好吃吗？

B：嗯，好吃的。

A：맛있어?

B：응, 맛있어.

4 A : Is it good?

B : Yes, it's good.

A：这样可以吗？

B：嗯，可以的。

A：(~도) 될까요?

B：네. 괜찮아요.

5 A : Is it pretty?

B : Yeah, it's pretty.

A：好看吗？

B：嗯，好看。

A：예뻐?

B：응, 예뻐.

6 A : Is that true?

B : Yes, it's true.

A：真的吗？

B：是真的。

A：진짜예요?

B：진짜예요.

7 A : Ms. Ohno?

B : Yes, I'm Ohno.

A：是大野先生（女士）吗？

B：是的，我是大野。

A：오노 상?

B：네, 오노입니다.

8 A : Is it OK?

B : Yeah, it's fine.

A：可以吗？

B：嗯，可以的。

A：(~도) 돼?

B：응, 돼.

9 A : Is here OK?

B : Yes, there's fine.

A：是这里吗？

B：对，就是那里。

A：여기예요?

B：네, 거기예요.

10 A : Got it?

B : Yes, I understand.

A：明白了吗？

B：嗯，明白了。

A：알겠어?

B：네, 알겠습니다.

section ❷   🔊02

1　A：こんにちは。

　　B：こんにちは。

2　A：先生、おはようございます。
　　　　せんせい
Ⓓ　B：おはよう。

3　A：えみさん、じゃーね。
Ⓒ　B：うん、また明日。
　　　　　　　　　あした

4　A：お先に失礼します①。
　　　　おさき　しつれい
Ⓓ　B：おつかれさまー②。

5　A：あ、すみません。

　　B：いいえ、大丈夫ですよ。
　　　　　　　　だいじょうぶ

6　A：いってきます。

　　B：いってらっしゃい。

7　A：ただいまー。
Ⓒ　B：おかえりー。

8　A：どうもありがとうございます。
Ⓕ　B：いいえ、どういたしまして。

9　A：いい天気ですね。
　　　　　　てんき
　　B：ええ、そうですね。

10　A：元気ですか？
　　　　げんき
　　B：はい、元気です。
　　　　　　げんき

①② ➜ p.44

1

A : Good day.

B : Good day.

A : 你好。

B : 你好。

A : 안녕하세요.

B : 안녕하세요.

2

A : Professor, good morning.

B : Morning.

A : 老师，早上好。

B : 早。

A : 선생님, 안녕하세요.

B : 그래, 안녕.

3

A : Emi, see you.

B : Yeah, see you tomorrow.

A : 惠美，再见啦。

B : 嗯，明天见。

A : 에미 상, 잘 가요.

B : 응, 내일 봐.

4

A : See you tomorrow. (lit. Sorry to be leaving before you.)

B : See you. (lit. Thanks for your hard work.)

A : 我先下班啦。

B : 辛苦啦。

A : 먼저 실례하겠습니다.

B : 수고했어~.

5

A : Oh, I'm sorry.

B : No worries. It's fine.

A : 啊，对不起。

B : 没事。

A : 아, 죄송합니다.

B : 아니에요. 괜찮아요.

6

A : I'll be back later.

B : See you later.

A : 我出门啦。

B : 路上小心。

A : 다녀오겠습니다.

B : 잘 다녀와.

7

A : I'm back (home).

B : Welcome back (home).

A : 我回来啦。

B : 欢迎回来。

A : 나 왔어~.

B : 어서 와~.

8

A : Thank you very much.

B : No, it was nothing.

A : 太感谢了。

B : 没事，不用谢。

A : 고맙습니다.

B : 아니에요, 뭘요.

9

A : Nice weather today.

B : Yes, it sure is.

A : 天气真好。

B : 是啊，真好。

A : 날씨가 좋네요.

B : 그렇네요.

10

A : How are you?

B : I'm fine.

A : 你好吗?

B : 嗯，挺好的。

A : 잘 지내셨어요?

B : 네, 잘 지냈어요.

1 A：今、何時ですか？
　　　　 いま　なんじ
　 B：9時です。
　　　　 く　じ

2 A：今、何時？
　　　　 いま　なんじ
Ⓒ B：4時だよ。
　　　　 よ　じ

3 A：昨日、何時にねましたか？
　　　　 きのう　なんじ
　 B：11時半ぐらいです。
　　　　 じゅういちじ はん

4 A：テストは何時からですか？
　　　　　　　　　 なんじ
　 B：10時からですよ。
　　　　 じゅうじ

5 A：今日は何日ですか？
　　　　 きょう　なんにち
　 B：4月1日です。
　　　　 し がつついたち

6 A：今日は何曜日？
　　　　 きょう　なんようび
Ⓒ B：水曜日だよ。
　　　　 すいようび

7 A：誕生日はいつですか？
　　　　 たんじょうび
　 B：8月20日です。
　　　　 はちがつ はつか

8 A：銀行は何時から何時までですか？
　　　　 ぎんこう　なんじ　　　　なんじ
　 B：午前9時から午後3時までです。
　　　　 ごぜん く じ　　　 ご ご さんじ

9 A：今年は何年？
　　　　 ことし　なんねん
Ⓒ B：2021年。令和3年③だよ。
　　　　 にせんにじゅういちねん　 れい わ さんねん

10 A：日本に来て、どのくらいですか？
　　　　 にほん　き
　 B：1年3ヶ月です。
　　　　 いちねんさん か げつ

28

③ → p.44

1
A : What time is it now?

B : It's 9 o'clock.

A：现在几点?

B：9点。

A：지금 몇 시예요?

B：9시예요.

2
A : What time's it now?

B : It's 4.

A：现在几点?

B：4点。

A：지금 몇 시야?

B：4시야.

3
A : What time did you go to bed last night?

B : About 11:30 or so.

A：你昨天几点睡的呀?

B：11点半左右。

A：어제 몇 시에 잤어요?

B：11시 반쯤에 잤어요.

4
A : What times is the test?

B : It starts at 10 o'clock.

A：考试是几点开始呀?

B：10点开始考。

A：시험은 몇 시부터인가요?

B：10시부터예요.

5
A : What is the date today?

B : It is April first.

A：今天几号啊?

B：4月1日。

A：오늘은 며칠인가요?

B：4월 1일입니다.

6
A : What day is it today?

B : It's Wednesday.

A：今天星期几啊?

B：星期三。

A：오늘 무슨 요일이지?

B：수요일이야.

7
A : When is your birthday?

B : It is August 20th.

A：你的生日是什么时候?

B：8月20日。

A：생일이 언제예요?

B：8월 20일이에요.

8
A : From and to what time is the bank open?

B : It is open from 9 AM to 3 PM.

A：银行从几点开到几点呀?

B：从上午9点到下午3点。

A：은행은 몇 시부터 몇 시까지인가요?

B：오전 9시부터 오후 3시까지예요.

9
A : What year is it this year?

B : 2021. That is the 3rd year of Reiwa.

A：今年是几几年了?

B：2021年，令和3年。

A：올해가 몇 년이지?

B：2021년. 레이와 3년이야.

10
A : How long since you came to Japan?

B : One year and 3 months.

A：你来日本多久了?

B：1年零3个月了。

A：일본에 온 지 얼마나 됐어요?

B：1년 3개월 됐어요.

1 A： はじめまして。渡辺です。
　 B： 田中です。どうぞよろしく。

2 A： マイケルさんですか？
　 B： はい、そうです。

3 A： 田中さんですか？
　 B： いいえ、中田です。

4 A： 英語のschoolは日本語で何ですか？
　 B： schoolは学校ですよ。

5 A： あれは何ですか？
　 B： あ、あれは神社ですよ。

6 A： 山田さんの部屋は何階ですか？
　 B： ３階です。

7 A： お名前は？
F B： ペドロです。
　 A： お国は？
　 B： スペインです。

8 A： ホットコーヒーのM、一つ④ください。
　 B： はい、ホットコーヒーのMですね。

9 A： 駅までどのぐらいですか？
　 B： 歩いて５分ぐらいです。

10 A： 新宿駅はどこですか？
　 B： あそこですよ。

④ ➤ **p.44**

1

A : Pleased to meet you. I am Watanabe.

B : I am Tanaka. Pleased to meet you too.

A : 你好，初次见面，我是渡边。

B : 我是田中，请多指教。

A : 처음 뵙겠습니다. 와타나베입니다.

B : 다나카라고 합니다. 잘 부탁합니다.

2

A : Are you Michael?

B : Yes, that's right.

A : 是迈克尔先生（小姐）吗?

B : 是的，是我。

A : 마이클 상이세요?

B : 네, 그렇습니다.

3

A : Are you Mr. Tanaka?

B : No, my name is Nakata.

A : 是田中先生（小姐）吗?

B : 不是，我是中田。

A : 다나카 상이세요?

B : 아뇨, 나카타입니다.

4

A : What is Japanese for "school"?

B : "School" is "gakkoo".

A : 英语的"school"用日语怎么说?

B : "school"的日语是"学校"。

A : school은 일본어로 뭐라고 해요?

B : school은 학교라고 해요.

5

A : What is that over there?

B : Oh, that is a shrine.

A : 那是什么?

B : 哦，那个是神社。

A : 저건 뭔가요?

B : 아, 저건 신사예요.

6

A : What floor is Mr/s. Yamada's apartment on?

B : The 3rd floor.

A : 山田你的房间在几楼啊?

B : 在3楼。

A : 야마다 상 방은 몇 층이에요?

B : 3층이에요.

7

A : What is your name?

B : I'm Pedro.

A : Where are you from?

B : I am from Spain.

A : 您的名字是?

B : 我叫佩德罗。

A : 您来自哪个国家?

B : 西班牙。

A : 성함이 어떻게 되세요?

B : 페드로입니다.

A : 어느 나라에서 오셨나요?

B : 스페인입니다.

8

A : I'd like one medium, hot coffee.

B : Sure. A medium hot coffee.

A : 请给我一杯中杯的热咖啡。

B : 好的，一杯中杯的热咖啡。

A : 커피 M사이즈, 따뜻한 걸로 하나 주세요.

B : 네, 커피 M사이즈, 따뜻한 걸로 하나 말씀이시죠.

9

A : How far is it to the station?

B : It is about 5 minutes on foot.

A : 离车站有多远啊?

B : 步行5分钟左右的样子。

A : 역까지 얼마나 걸려요?

B : 걸어서 5분 정도예요.

10

A : Where is Shinjuku station?

B : It is over there.

A : 新宿车站在哪儿?

B : 就在那边。

A : 신주쿠역이 어디인가요?

B : 저기예요.

1 A：何才ですか？
　　B：２８才です。

2 A：どんな映画を見ますか？
　　B：コメディーをよく見ますね。

3 A：その赤いバラを３本くださ い。
　　B：はい、赤いバラ３本ですね。

4 A：今日はいい天気ですね。
　　B：ええ、本当に。

5 A：日本語の漢字はどうですか？
　　B：むずかしいですが、漢字の勉強はおもしろいです。

6 A：週末はどうでしたか？
　　B：友だちと会って、とても楽しかったです。

7 A：昨日のテスト、むずかしかったですか？
　　B：いいえ、かんたんでしたよ。

8 A：鈴木さんはどんな人ですか？
　　B：親切な人ですよ。

9 A：このくつ、ちょっと大きいです。
　　B：では、こちらのサイズはいかがでしょうか。

10 A：これ、きれいですね。
　　B：はい、とてもきれいですね。

⑤ ➔ p.44

1
A : How old are you?

B : I am 28 years old.

A : 几岁了?

B : 28岁。

A : 몇 살이에요?

B : 28살이에요.

2
A : What kind of movies do you watch?

B : I often see a comedy.

A : 你平时都看什么类型的电影啊?

B : 我经常看喜剧类的。

A : (평소에) 어떤 영화를 보세요?

B : 코미디 영화를 자주 봐요.

3
A : I'd like 3 of those red roses.

B : Certainly, 3 of the red roses.

A : 请帮我拿3支那种红玫瑰。

B : 好的，3支红玫瑰。

A : 그 빨간 장미 세 송이 주세요.

B : 네, 빨간 장미 세 송이요.

4
A : The weather is nice today, isn't it?

B : Yes, it really is.

A : 今天天气真好。

B : 是啊，真的好。

A : 오늘은 날씨가 좋네요.

B : 정말 좋네요.

5
A : How about Japanese kanji?

B : They are difficult, but I enjoy studying kanji.

A : 你觉得日语的汉字怎么样?

B : 虽然挺难的，但是学起来还挺有趣的。

A : 일본어 한자는 어때요?

B : 어렵지만 한자 공부는 재미있어요.

6
A : How was your weekend?

B : I met a friend and had a great time.

A : 周末过的怎么样?

B : 和朋友见了面，过得很开心。

A : 주말은 어떠셨어요?

B : 친구 만나서 재미있게 놀았어요.

7
A : Was yesterday's test difficult?

B : No, it was easy.

A : 昨天的考试难吗?

B : 不难，挺简单的。

A : 어제 시험, 어려웠어요?

B : 아뇨. 쉬웠어요.

8
A : What kind of person is Mr/s. Suzuki?

B : S/he is a kind person.

A : 铃木是个什么样的人啊?

B : 挺亲切的一个人。

A : 스즈키 씨는 어떤 사람이에요?

B : 친절한 사람이에요.

9
A : These shoes are a bit too large.

B : Well, how about the size of these ones?

A : 这双鞋有点大了。

B : 那这边这个尺码呢?

A : 이 신발은 좀 크네요.

B : 그럼, 이 사이즈는 어떠신가요?

10
A : This is pretty, isn't it?

B : Yes, it is very pretty, isn't it?

A : 哇，好漂亮。

B : 是啊，可真漂亮。

A : 이거, 예쁘네요.

B : 그러게요. 아주 예쁘네요.

1 A：はじめまして。

B：はじめまして、どうぞよろしくお願いします。

2 A：これ、どうぞ。

B：あー、どうもすみません⑥。いただきます。

3 A：お国はどちらですか？

F B：韓国です。

4 A：日本は、初めてですか？

B：いいえ、3回目です。

5 A：和食は大丈夫ですか？

B：はい、大丈夫です。

6 A：そろそろ失礼します。

B：そうですか。じゃ、また。

7 A：わー、おいしそう。それ何ですか？

B：これ？ 中国のおかしです。一つどうですか？

8 A：どんなゲームが好き？

C B：一番好きなのはRPG⑦かな。

（エレベーターで）

9 A：何階ですか？

B：あ、8階お願いします。

10 A：こんどの休み、どこ行くの？

D B：友だちと海に行きます。

34

1 A : Pleased to meet you.

B : Pleased to meet you, too. (Meaning: I look forward to x-ing. lit. Please be nice to me.)

A : 你好，初次见面。

B : 你好，初次见面，请多关照。

A : 처음 뵙겠습니다.

B : 처음 뵙겠습니다. 잘 부탁합니다.

2 A : Here, enjoy.

B : Oh, thank you very much. Bon Appetit.

A : 这个给您，请用/请收下。

B : 啊，谢谢，我开动了/我收下了。

A : 이거 드세요.

B : 아, 감사합니다. 잘 먹겠습니다.

3 A : What country are you from?

B : I am from Korea.

A : 您是从哪个国家来的?

B : 韩国。

A : 어느 나라에서 오셨어요?

B : 한국입니다.

4 A : Is it your first time in Japan?

B : No, this is my 3rd time.

A : 您是第一次来日本吗?

B : 不是，这是第3次了。

A : 일본은 처음이세요?

B : 아뇨, 세 번째예요.

5 A : Are you OK with Japanese food?

B : Yes, I'm fine with it.

A : 吃得惯日本料理吗?

B : 吃得惯，没问题。

A : 일본 음식 잘 드세요?

B : 네, 괜찮아요.

6 A : I had better get going.

B : Is that right? Well, see you.

A : 我差不多该告辞了。

B : 这样啊。那，再见。

A : 먼저 실례하겠습니다.

B : 네, 그럼 안녕히 가세요.

7 A : Wow, that looks tasty. What is that?

B : This? It is a Chinese sweet. Would you like to try one?

A : 哇！看着好好吃的样子。这是什么呀?

B : 这个吗? 是中国的点心。要尝一个吗?

A : 우와, 맛있겠다. 그거 뭐예요?

B : 이거요? 중국 과자예요. 하나 드실래요?

8 A : What kind of games do you like?

B : My favorite is RPG, I suppose.

A : 你喜欢什么样的游戏啊?

B : 我最喜欢的应该是RPG吧。

A : 어떤 게임 좋아해?

B : 제일 좋아하는 건 RPG야.

(In the Elevator)

(在电梯里)

(엘리베이터 안에서)

9 A : What floor for you?

B : Oh, the 8th floor please.

A : 您上几楼?

B : 啊，麻烦按一下8楼。

A : 몇 층 가세요?

B : 아, 8층 부탁드립니다.

10 A : Where're you going over the holiday?

B : I'm going to the ocean with a friend.

A : 这次的假期，你要去哪里玩吗?

B : 我要和朋友去海边。

A : 이번 쉬는 날에 어디 갈 거야?

B : 친구하고 바다에 갈 거예요.

1　A：ねー、学校のWi-Fi、わかる？
　　　　　がっこう　ワイ ファイ
Ⓒ　B：わかるよー。はい、これ見て。
　　　　　　　　　　　　　　み

2　A：シングルの部屋はいくらですか？
　　　　　　　　　へや
Ⓕ　B：はい、一泊8000円でございます。
　　　　　　いっぱくはっせんえん

3　A：昨日、スマホ⁸を買いました。
　　　きのう　　　　　か
　　　B：へー、どこで買いましたか？
　　　　　　　　　か

4　A：ジョンさんのうちはどこですか？
　　　B：新宿です。学校の近くです。
　　　　　しんじゅく　がっこう　ちか

5　A：パクさんの先生はどんな人ですか？
　　　　　　　　　せんせい　　　ひと
　　　B：私の先生は明るくてやさしい人です。
　　　　　わたし　せんせい　あか　　　　　　　ひと

6　A：山田さん、しゅみは何ですか？
　　　やまだ　　　　　　なん
Ⓓ　B：しゅみ…、うーん、ボルダリングかな。

7　A：日本のアニメはどうですか？
　　　にほん
　　　B：ストーリーがとてもいいと思います。
　　　　　　　　　　　　　　　おも

8　A：これ、見てください。スイスの写真です。
　　　　　み　　　　　　　　　しゃしん
　　　B：わー、雪がきれい。アルプスですね！
　　　　　　ゆき

9　A：クリスさんの国は今とても寒いでしょう？　何度くらいですか？
　　　　　　　　　くに　いま　　　さむ　　　　　なんど
　　　B：そうですね、私の町は北のほうなので、マイナス10度くらいです。
　　　　　　　　　わたし　まち　きた　　　　　　　　　　　　じゅうど

10　A：お名前の横に印鑑をお願いします。
　　　　なまえ　よこ　いんかん　ねが
　　　B：えー？　今日は持って来ませんでした。
　　　　　　　　きょう　も　　き

1
A : Hey, do you know the school's Wi-Fi?
B : Yeah, I know it. Here it is.

A : 诶，你知道学校的Wi-Fi是多少吗？
B : 知道呀。喏，这个。

A : 있잖아, 학교 와이파이 뭔지 알아?
B : 알아. 이거 봐.

2
A : How much for a single room?
B : Oh, it is 8,000 yen per night.

A : 单人间多少钱？
B : 8000日元一晚。

A : 싱글 방은 얼마인가요?
B : 네, 1박에 8000엔입니다.

3
A : I bought a smartphone yesterday.
B : Really! Where did you buy it?

A : 我昨天买了智能手机。
B : 哟，哪儿买的？

A : 어제 스마트폰을 샀어요.
B : 오~, 어디에서 샀어요?

4
A : Where is John's house?
B : It is in Shinjuku. It is near the school.

A : 约翰，你家在哪儿啊？
B : 在新宿，学校附近。

A : 존 상의 집은 어디예요?
B : 신주쿠예요. 학교하고 가까워요.

5
A : What kind of person is Paku's teacher?
B : My teacher is cheerful and kind.

A : 朴同学你的老师是个什么样的人啊？
B : 我的老师是个又阳光又温柔的人。

A : 박 상의 선생님은 어떤 분이세요?
B : 우리 선생님은 밝고 다정한 분이세요.

6
A : Mr. Yamada, what is your hobby?
B : My hobby? Hmm, bouldering I suppose.

A : 山田，你的兴趣爱好是什么？
B : 兴趣爱好？攀岩吧……

A : 야마다 상의 취미는 뭐예요?
B : 취미? 음… 볼더링인가.

7
A : What do you think of Japanese anime?
B : I think they have great story lines.

A : 你觉得日本的动漫怎么样？
B : 我觉得故事情节很不错。

A : 일본 애니메이션은 어때요?
B : 스토리가 진짜 좋은 것 같아요.

8
A : Here, have a look at this. It is a photo of Switzerland.
B : Wow, the snow is beautiful. Those are the Alps, right!

A : 快看这个。是瑞士的照片。
B : 哇！好漂亮的雪景！这是阿尔卑斯山吧！

A : 이거 좀 보세요. 스위스 사진이에요.
B : 우와~ 눈이 멋있다. 알프스네요!

9
A : It is really cold back home right now, isn't it Chris? How cold is it?
B : Yes, that's right. My town is in the North, so it gets down to about minus 10 degrees.

A : 克里斯，你的国家现在应该很冷吧？大概几度？
B : 我住的城市在北边，所以大概零下10度左右。

A : 크리스상 나라는 지금 아주 춥죠? 몇 도쯤이에요?
B : 춥죠. 제가 사는 곳은 북쪽이라서 영하10도정도예요.

10
A : Please put your seal next to your name.
B : Oh no, I didn't bring it with me today.

A : 请在您签的字旁边盖上印章。
B : 啊？我今天没带过来。

A : 이름 옆에 인감도장을 찍어주세요.
B : 네? 오늘 안 가지고 왔는데요.

1 A：ご家族は何人ですか？

F B：4人です。両親と兄と私です。

（授業中）

2 A：先生、すみません。トイレに行ってもいいですか？

B：はい、どうぞ。

3 A：ジョンさん、今日、どこでお昼⑨を食べますか？

B：そうですねー。どこにしましょうか。

4 A：先生、すみません。今、何時ですか？

B：あ、もう時間ですね。じゃ、これで終わりましょう。

5 A：いらっしゃいませ。お二人ですか？

F B：いえ、あとからもう一人来ます。

6 A：昨日のサッカー、見た？

C B：ううん、あまり好きじゃないから。

7 A：うわー。帽子、かわいいね。

C B：本当？　ありがとう。

8 A：あれ？　山田さん、どこ行くの？

C B：ちょっとそこまで。

9 A：あのー、すみません。次の電車は何時に来ますか？

B：あ、今の電車が終電ですよ。始発は明日の午前5時です。

10 A：この部屋、日当たりがいいし、静かだしいいよね。

C B：うん、家賃もまあまあだし…、ここに決めようか。

1 A : How many people are there in your family?

B : There are 4 people. My parents, my older brother and myself.

A : 你们家几口人呀?

B : 4口人。我爸妈，我哥，还有我。

A : 가족관계는 어떻게 되세요?

B : 네 명입니다. 부모님하고 오빠/형, 저입니다.

(In Class)
(课堂上)
(수업중)

2 A : Professor, excuse me. Is it OK if I go to the restroom?

B : Yes, of course.

A : 老师，抱歉。我能去一下洗手间吗?

B : 可以，去吧。

A : 선생님, 죄송한데 화장실에 가도 될까요?

B : 네, 갔다 오세요.

3 A : Hey John, where are you eating lunch today?

B : Let me see. Where should we go?

A : 约翰，你今天去哪儿吃中饭啊?

B : 我想想啊，去哪儿吃呢……

A : 존 상, 오늘 어디에서 점심 먹을 거예요?

B : 그러게요. 어디서 먹을까요?

4 A : Professor, excuse me. What time is it now?

B : Oh, time is already up. OK, let's finish up here.

A : 老师，不好意思，请问现在几点了?

B : 啊，已经到点了。那就先到这里吧。

A : 선생님, 죄송한데 지금 몇 시인가요?

B : 아, 시간이 벌써 이렇게 됐네요. 그럼 이걸로 마칩시다.

5 A : Welcome. Is it the two of you?

B : No, one other person is coming.

A : 欢迎光临! 是两位吗?

B : 不是，一会儿还有一个人要过来。

A : 어서 오세요. 두 분이신가요?

B : 아니요. 이따가 한 명 더 올 거예요.

6 A : Did you see the soccer yesterday?

B : Nah, I don't really like it, so...

A : 你看昨天的足球比赛了吗?

B : 没看，我不是很感兴趣。

A : 어제 축구 봤어?

B : 아니. 별로 안 좋아하거든.

7 A : Wow! The hat is cute, isn't it?

B : Really? Thank you.

A : 哇! 你这个帽子好可爱啊! .

B : 真的吗? 谢谢!

A : 우와, 모자 예쁘네.

B : 정말? 고마워.

8 A : Hey...? Mr. Yamada, where are you going?

B : Just over there.

A : 咦? 山田，你去哪儿啊?

B : 我去办点事。

A : 어? 야마다 상, 어디 가?

B : 잠깐 저기 좀.

9 A : Ummm, excuse me. What time does the next train arrive?

B : Oh, this train was the last train. The first train is at 5 AM tomorrow morning.

A : 那个，不好意思，请问下一趟电车什么时候到?

B : 哦，刚刚那个就是末班车了。首班车的话明天早上5点发车。

A : 저기 죄송한데요. 다음 전철은 몇 시에 오나요?

B : 아, 방금 게 막차예요. 첫차는 내일 새벽 5시예요.

10 A : This room is nice as it gets good sunlight and is quiet.

B : Yeah, the rent is not so bad either...maybe we should decide on it.

A : 这个房间不错诶。采光又好，还安静。

B : 嗯，房租也还过得去……就这间吧。

A : 이 방, 햇빛도 잘 들고, 조용하고 좋네.

B : 응, 월세도 나쁘지 않고… 여기로 할까.

section **9**

1 A：すみません、この近くにエレベーターありますか？
　　B：はい、すぐそこにありますよ。

2 A：山田さんの部屋は新しいですか？
　　B：いえ、古いです。でもきれいですよ。

3 A：田中さんの部屋はきれいですか？
　　B：いえ、きれいじゃありません。でも新しいです。

4 A：あ～、今日は暑いですねー。
　　B：そうですねー。こんな日はビールがおいしいですね。

5 A：サラさんは字がきれいですね。
　　B：ありがとうございます。毎日練習しています。

6 A：え、こんな日にジョギング？　寒くないですか？
　　B：はい、今は寒いです。でも、走るとだんだん暖かくなりますよ。

7 A：映画、どうでしたか？
　　B：うーん、まあまあでした。

8 A：いい自転車ですね。買いましたか？
　　B：あ、いいえ。アパートの大家さんに借りました。

9 A：ドラッグストアに行ったら、マスクが売り切れでした。
　　Ⓓ B：あー、今、インフルエンザのシーズンだからね。

10 A：今晩、ひまですか？　一緒に焼肉はどうですか？
　　B：すみません。私、ベジタリアンなので、焼肉はちょっと…⁽¹⁰⁾。

1
A : Excuse me, is there an elevator around here?
B : Yes, it is right over there.

A : 不好意思问一下，这附近有电梯吗?
B : 有的，就在那边。

A : 죄송한데, 이 근처에 엘리베이터 있어요?
B : 네, 바로 저기에 있어요.

2
A : Is Mr.Yamada's apartment new?
B : No, it is old. But it is clean.

A : 山田你家是新建的吗?
B : 不是，是老房子了。但是还挺干净的。

A : 야마다 상 집은 새 집이에요?
B : 아뇨, 오래됐어요. 하지만 깨끗해요.

3
A : Is Mr. Tanaka's apartment nice?
B : No, it isn't nice. But it is new.

A : 田中你家干净吗?
B : 不怎么干净，但是还挺新的。

A : 다나카 상 집은 깨끗해요?
B : 아뇨, 안 깨끗해요. 하지만 새 집이에요.

4
A : Whew, it is hot today, isn't it?
B : Yeah, I think so too. A beer tastes good on such a hot day.

A : 啊~今天好热啊……
B : 是啊。这种天气喝啤酒最爽了。

A : 아~ 오늘 덥네요.
B : 그러게요. 이런 날에는 맥주가 맛있죠.

5
A : Your writing is nice and neat, Sara.
B : Thank you very much. I practice every day.

A : 萨拉你的字写得真好看。
B : 谢谢。我每天都有在练习。

A : 사라 상은 글씨가 예쁘네요.
B : 고맙습니다. 매일 연습하고 있어요.

6
A : Hey, jogging on a day like this? Isn't it cold?
B : Yes, it's cold right now. But once I get running, I warm up.

A : 你怎么这种天气跑步啊? 不冷吗?
B : 今天是有点冷啦。不过跑着跑着就热起来了。

A : 이런 날에 조깅? 춥지 않아요?
B : 지금은 추워요. 하지만 뛰다 보면 점점 따뜻해져요.

7
A : How was the movie?
B : Well, it was just so-so.

A : 电影看了感觉怎么样?
B : 怎么说呢，一般般吧。

A : 영화 어땠어요?
B : 음…그냥 그랬어요.

8
A : That's a nice bike, isn't it. Did you buy it?
B : Oh, no. I borrowed it from my apartment's landlord.

A : 这自行车不错啊! 你买的?
B : 不是。是找公寓的房东借的。

A : 멋진 자전거네요. 샀어요?
B : 아뇨. 아파트 집주인한테서 빌렸어요.

9
A : I went to the drugstore, but the masks were sold out.
B : Oh, that's because it's the flu season right now.

A : 等我去了药妆店，口罩已经卖完了。
B : 这……大概因为现在正好是流感高发期吧。

A : 드러그스토어에 갔더니 마스크가 다 팔렸더라고요.
B : 아~ 지금 독감이 유행하고 있으니까요.

10
A : Are you free this evening? Would you like to go with me for yakiniku?
B : I'm sorry. I'm vegetarian, so yakiniku is a bit off my menu...

A : 今天晚上有空吗? 一去吃个烤肉怎么样?
B : 不好意思。我是个素食主义者，烤肉的话有点……

A : 오늘 밤에 시간 있어요? 같이 고기 먹으러 갈래요?
B : 죄송한데 제가 채식주의자라서 고기는 좀….

1　A：見て、これ。

　　B：わー、すごいあざ。どうしたの？

　　A：昨日、自転車でころんじゃってさー。

　　B：病院行ったほうがいいんじゃない？

2　A：すみません。切符を間違えて買っちゃったんですけど。

　　B：あ、では、切符をお返しください。

　　A：はい、これです。

　　B：210円ですね。じゃ、こちらの210円お返しします。

3　A：これは何ですか？

　　B：これ？　あー、これはお好み焼き⑪。

　　A：え？　お好み…？

　　B：うん、お好み焼き。おいしいよ。

4　A：試合、どうだった？

　　B：うーん、ゲームは最高だったけど、客のマナーがねー。

　　A：悪かったの？

　　B：うん。ヤジ⑫がひどくて…、選手たちがかわいそうだったよ。

5　A：パスポートの申請ですか？　こちらの用紙に記入してお待ちください。

　　B：はい。あのー、どれくらい時間がかかりますか？

　　A：そうですね。これからだと2時間半ほどですね。

　　B：は〜、2時間半ですか。

（郵便局で）

6　A：これ、ブラジルにEMS⑬でお願いします。

　　B：はい、ブラジルですね。400グラムですから2400円になります。

　　A：今週中に着きますか？

　　B：はい。今日は火曜日ですから、今週中に着きますよ。

1
A : Look at this.
B : Wow. That's a heck of a bruise. What happened?
A : I fell off my bicycle yesterday.
B : You should go to the hospital, don't you think?

A：你看这个。
B：哇！怎么这么大一块淤青？怎么弄的啊？
A：昨天骑自行车摔了……
B：还是去医院看看吧？

A : 이거 좀 봐.
B : 우와, 멍이 심하게 들었네. 어쩌다가?
A : 어제 자전거 타다가 넘어졌어.
B : 병원에 가는 게 좋지 않겠어?

2
A : I'm sorry. I made a mistake in buying my ticket, but...
B : Oh, in that case, give me back the ticket.
A : Sure, this is it.
B : That's 210 yen, right. Well, here is your 210 yen back.

A：不好意思，我买错票了。
B：啊，那请把车票给我吧。
A：好的。就是这张。
B：是210日元的票对吧？这里是退还给您的210日元。

A : 죄송한데, 표를 잘못 사버렸는데요.
B : 그럼 표는 다시 주시고요.
A : 여기요.
B : 210엔이네요. 여기 210엔입니다.

3
A : What is this?
B : This? Oh, that's okonomiyaki.
A : What? Okonomi...?
B : Yeah, okonomiyaki. They are delicious, trust me.

A：这是什么?
B：这个? 哦，这个是什锦烧。
A：什么? 什锦什么?
B：对的，什锦烧。很好吃的!

A : 이건 뭐예요?
B : 이거? 아~ 이건 오코노미야키라고 해.
A : 뭐? 오코노미…?
B : 응, 오코노미야키. 맛있어.

4
A : How was the game?
B : Oh yeah, the game was great, but the manners of the spectators, wow.
A : Were they bad?
B : Yeah. The hecklers were terrible...I felt so bad for the players.

A：比赛怎么样了?
B：怎么说呢，比赛本身是很精彩啦，但是观众的素质实在是……
A：很糟糕?
B：嗯。各种阴阳怪气的奚落、喝倒彩……选手们也太惨了。

A : 시합 어땠어?
B : 음…시합은 끝내줬는데, 관중 매너가 좀….
A : 안 좋았어?
B : 어. 야유가 너무 심해서…. 선수들이 불쌍하더라.

5
A : An application for a passport? Fill out this form and then please wait.
B : Yes. Um, how long will it take?
A : Let me see. I would say about 2.5 hours from now.
B : What!...2.5 hours, is it?

A：是要申请护照吗? 请把这张纸填一下，稍等一会儿。
B：好的。那个，大概要等多久呀?
A：我看看啊……现在的话大概还要2个半小时左右。
B：呃，2个半小时啊……

A : 여권 신청이세요? 여기 용지에 기입하고 기다리세요.
B : 네. 근데, 얼마나 걸리나요?
A : 글쎄요. 지금부터 한 2시간 반 정도입니다.
B : 어휴~, 2시간 반이라고요.

(At the Post Office)

(在邮局)

(우체국에서)

6
A : I would like to send this to Brazil via EMS, please.
B : To Brazil, right? It weighs 400 grams, so that makes it 2,400 yen.
A : Will it arrive this week?
B : Yes. Today is Tuesday, so it will arrive this week.

A：这个，麻烦帮我用EMS寄到巴西去。
B：好的。巴西是吧。这里是400克，运费的话是2400日元。
A：这个星期之内能送到吗?
B：可以的。今天才星期二，这个星期之内就能送到。

A : 이거 브라질까지 EMS로 보내주세요.
B : 네. 브라질까지요. 400그램이니까 2400엔입니다.
A : 이번 주 안으로 도착하나요?
B : 네. 오늘이 화요일이니까, 이번 주중에 도착할 거예요.

43

① お先に失礼します
さき　　しつれい

仕事が終わって職場を出る時に、まだ仕事をしている人に言う挨拶です。

This is an expression to say to people who are still working when your work is done and you are leaving the company.

工作结束后离开工作的地方时，对还在工作的人说的话。

일이 끝나고 퇴근할 때, 아직 남아있는 사람에게 하는 인사입니다.

② おつかれさま

仕事が終わった時にお互いにする挨拶「おつかれさまでした」のカジュアルな言い方です。

This is a casual form of the greeting "おつかれさまでした" that people say to each other when their work is done for the day.

工作结束时同事之间互相打招呼时说的话。是 "おつかれさまでした (辛苦了)" 的更为随意的说法。

일이 끝났을 때 서로에게 하는 인사. "おつかれさまでした"의 캐주얼한 표현입니다.

③ 令和3年
れい　わ　さんねん

日本では西暦の他に、日本の年号も使われています。2019年に天皇が新しくなり令和という年号がスタートしました。2021年は令和3年になります。

In addition to the Western calendar, Japan uses its own method of naming the years. With the new emperor enthroned in 2019, Reiwa, which is the Japanese name for the era, started. So 2021 is called Reiwa 3.

在日本，除了公历以外，还会用日本自己的年号。2019年新天皇继任，年号也变更为 "令和"。2021年是 "令和3年"。

일본에서는 연도를 말할 때 서기 외에 일본 연호를 쓰고 있습니다. 2019년에 새로운 천황이 즉위하여 '레이와' 라는 연호가 시작되었습니다. 2021년은 레이와 3년입니다.

④ 一つ
ひと

物の数え方で、「1」の意味です。小さい物、丸い物、四角い物などを数える時に使います。

This is a method of counting things and means 1. It can be used for counting small things, or for round or square things.

是一种计数方式，表示某样东西 "1" 个。可用于计数：小物件，圆的东西或者方的东西等。

물건을 셀 때 쓰는 단위이며 '1'이라는 뜻입니다. 작은 것이나 동그란 것, 네모난 것 등을 셀 때 씁니다.

⑤ 3本
さんぼん

物の数え方で、「3」の意味です。「本」は、ビン、木、花、傘など長い物を数える時に使います。

This is a method of counting things and means 3. "本(hon)" is used for counting long things, such as bottles, trees, flowers, umbrellas, etc.

是一种计数方式，表示某样东西有 "3" 件。"本" 这一量词，用于计数：瓶子、树、花、伞等细长的东西。

물건을 셀 때 쓰는 단위이며 '3'이라는 뜻입니다. 「本」 은 병, 나무, 꽃, 우산 등 긴 것을 셀 때 씁니다.

⑥ すみません

①謝る、②お礼を言うの2つの意味があります。ここでは、②の意味です。

This has 2 meanings, for ① apologizing or ② thanking. Here it has the 2nd meaning.

有①道歉，②道谢，两种意思。此处是②道谢的意思。

①사과 ②고마움의 두 가지 뜻을 가지고 있습니다. 여기에서는 ②번 뜻입니다.

⑦ RPG
アールピージー

「ロールプレイングゲーム (Roll-playing-game)」の略です。

This is short for roll playing game.

角色扮演游戏(Roll-playing-game) 的略称。

롤플레잉게임 (Roll-playing-game) 의 줄임말입니다.

⑧ スマホ

「スマートフォン（smart-phone）」の略です。

This is short for "スマートフォン(smartphone)."

是智能手机（smart-phone）的日语。"スマートフォン"的略称。

스마트폰의 줄임말입니다.

⑨ お昼（ひる）

お昼ご飯のことです。

This refers to lunch.

指中饭。

점심 식사를 가리킵니다.

⑩ ちょっと…

「ちょっと…」はここでは、あまりよくない / 悪いという意味です。はっきり言いたくない時に使います。

Here "ちょっと…" has the meanings of "not very good/bad." It is used when you don't want to express something too clearly.

"ちょっと…" 在此处表示 "不太好/不好" 的意思。在不想说得太直白的时候用。

"ちょっと..." 는 여기에서는 '별로 좋지 않다/ 나쁘다' 라는 뜻입니다. 확실하게 말하고 싶지 않을 때 씁니다.

⑪ お好み焼き（この や）

鉄板の上で焼くピザのような料理です。お好み焼きは大阪と広島が有名です。

This dish is similar to pizza and is cooked on a flat, metal grill. Okonomiyaki is famous in Osaka and Hiroshima.

是一种用铁板烹饪的，类似于披萨的料理。其中大阪和广岛的什锦烧最为出名。

철판 위에 구워서 먹는 피자와 비슷한 요리입니다. 오코노미야키는 오사카와 히로시마가 유명합니다.

⑫ ヤジ

スポーツの試合などで、観客が選手などに向かって大きい声で言う文句のことです。

This means the words that hecklers yell at athletes, such as at a sports match.

指在体育比赛等场合，观众对选手的大声奚落嘲讽等。

스포츠 경기 등에서 관중이 선수들을 향해 소리치는 불만이나 야유입니다.

⑬ EMS（イーエムエス）

「国際スピード郵便（Express Mail Service）」のことです。

This is short for Express Mail Service.

是国际邮政特快专递服务（Express Mail Service）的略称。

국제우편 (Express Mail Service) 을 가리킵니다.

早口言葉
はやくちことば
Tongue Twisters
绕口令 / 빠른말 놀이

母語を話すときと日本語を話すときでは、舌の使い方や使う顔の筋肉が違います。そこで、日本語をなめらかに話すための練習として早口言葉をご紹介します。シャドーイングをする前に練習してみましょう。

まずは口を大きく開けて、ゆっくりはっきり発音してみましょう。徐々に話すスピードを上げて、スラスラと3回言えることを目指しましょう。

How the tongue and facial muscles are used varies with your mother tongue versus when you speak Japanese. So, to help make speaking Japanese smoother, we have put together some tongue twisters. Practice them before you do shadowing. First, open your mouth wide and pronounce the words slowly and clearly. Gradually increase the speed and aim at being able to say it fluently three consecutive times.

在说母语的时候和说日语的时候，口舌的使用和面部肌肉的调动是不同的。为了帮助大家能够流利地说日语，在这里向大家介绍绕口令。可以在开始影子跟读之前进行绕口令的练习。

在练习绕口令时，首先，张大嘴巴，慢而清晰地吐字发音。接着慢慢地提升速度进行练习，直到能快速流利地连说三次。

모국어로 말할 때와 일본어로 말할 때는 혀의 쓰임새나 얼굴 근육의 움직임이 다릅니다. 일본어로 자연스럽게 말하기 위한 연습중에 하나인 빠른말 놀이를 소개하겠습니다. 섀도잉을 하기 전에 연습해 봅시다.
먼저 입을 크게 벌리고 천천히 또박또박 발음해 봅시다. 서서히 속도를 올려 빠르고 정확하게 세 번 말 할 수 있도록 해 봅시다.

① バス　ガス　ばくはつ
バスガス爆発

② このすしは　すこし　すが　ききすぎだ
この寿司は少し酢がききすぎだ

③ かった　かたたたきき　たかかった
買った肩叩き機高かった

④ となりの　きゃくは　よく　かき　くう　きゃくだ
隣の客はよく柿食う客だ

⑤ かえる　ぴょこぴょこ　みぴょこぴょこ
あわせて　ぴょこぴょこ　むぴょこぴょこ

Unit

2

少し長い表現にもチャレンジしてみましょう。
相手を誘ったり、依頼したり、状況を簡単に
説明したりすることができるようになります。

Let's take on a little longer expressions. You will
be able to invite someone, make a request, or
provide a brief explanation about a situation.

来挑战一下略长一些的表达方式吧！比如邀请对方，或
请对方帮忙等。通过这一单元的学习，将学会如何简单
说明情况。

조금 긴 표현에도 도전해 봅시다. 누군가를 초대하거나 누군
가에게 부탁을 하는 등, 상황을 간단하게 설명할수 있게 됩니
다.

レベル 2	初級 Beginner 初学者　초급		初中級 Pre-intermediate 初学者−中級　초중급		中級 Intermediate 中級　중급
	◎ 可能形	Potential form	可能形	가능형	◎ もう / まだ
	◎ た形	*Ta* form	た形	た형	◎ 〜ませんか
	◎ 意向形	Volitional form	意向形	의향형	◎ 〜つもり
	◎ 縮約形	Contraction form	縮約形	축약형	◎ 〜んです
					◎ 〜てみる
					◎ 〜ている
					◎ 〜らしい（推量）
					◎ てもらう / くれる
					◎ 〜そうです（伝聞）
					◎ 〜たら
					◎ 〜たことがある
					etc

1 A : どこ行くの？
C B : ちょっとそこまで。

2 A : どこ行くんですか？
B : ちょっと、コンビニ①にお弁当を買いに行ってきます。

3 A : 一緒にお昼食べませんか？
B : はい、いいですね。何食べましょうか？

4 A : ねー、一緒にお昼食べない？
C B : うん、いいよ。あ、でも、食べる前にちょっと友だちに電話してもいい？

5 A : もう、お昼食べましたか？
B : いいえ、まだです。山田さんは？

6 A : 血液型、何型？
C B : 私はA型だよ。マリちゃんは？

7 A : ずいぶん涼しくなりましたね。
B : そうですね。

8 A : 山田さんって、おいくつですか？
D B : えっ、ひみつ。聞かないで。

9 A : この漢字の読みかた、教えて。
C B : う～ん、なんだろう、わかんない。他の人に聞いてみて。

10 A : もしもし？　今、大丈夫ですか？
D B : うん、大丈夫だよ。

1 A : Where are you going?

B : Just over there.

A : 去哪儿呀?

B : 出去办点事。

A : 어디 가?

B : 잠깐 저기 좀.

2 A : Where are you going?

B : I'm just going to the convenience store to buy a packaged lunch.

A : 去哪儿呀?

B : 我去便利店买个便当就回来。

A : 어디 가세요?

B : 잠깐 도시락 사러 편의점에 갔다 올게요.

3 A : Would you like to have lunch with me?

B : Yes, that would be nice. What should we have to eat?

A : 要一起吃午饭吗?

B : 好呀。吃什么?

A : 같이 점심 안 먹을래요?

B : 네, 좋아요. 뭐 먹을까요?

4 A : Say, you want to have lunch together?

B : Yeah, that'd be nice. Oh, but before we go, do you mind if I call a friend?

A : 诶，一起吃午饭吗?

B : 嗯，好呀。啊，不过，去吃饭之前，我能先给我朋友打个电话吗?

A : 있잖아, 같이 점심 안 먹을래?

B : 그래 좋아. 아, 근데 그전에 잠깐 친구한테 전화해도 돼?

5 A : Have you already had lunch?

B : No, not yet. What about Mr. Yamada?

A : 已经吃过中饭了吗?

B : 还没呢。山田你呢?

A : 점심은 드셨어요?

B : 아뇨, 아직이에요. 야마다 상은요?

6 A : What is your blood type?

B : Mine is type A. What about Mari?

A : 你是什么血型啊?

B : 我是A型血。玛丽你呢?

A : 혈액형 무슨 형이야?

B : 나는 A형. 마리 쌍은?

7 A : It's really cooled down, hasn't it?

B : That is ture.

A : 天气还真是转凉了呢。

B : 是啊。

A : (날씨가) 꽤 선선해졌네요.

B : 그러네요.

8 A : How old are you, Ms. Yamada?

B : Wha...that's a secret. Don't ask such a thing.

A : 山田你几岁呀?

B : 诶? 保密。别问我。

A : 야마다 상은 나이가 어떻게 되세요?

B : 어? 비밀이야. 물어보지 마.

9 A : Can you tell me how to read this kanji?

B : Nooo...what the...I don't know. Try asking someone else.

A : 给我说说，这个汉字怎么读?

B : 呃……怎么读来着，不知道。你再问问别人吧。

A : 이 한자 읽는 법 좀 가르쳐 줘.

B : 음…뭐지, 모르겠어. 다른 사람한테 물어봐.

10 A : Hello? Can you talk now?

B : Yes, it's fine.

A : 喂? 现在方便吗?

B : 嗯，你说。

A : 여보세요? 지금 통화 가능하세요?

B : 그래, 괜찮아.

section ❷

1 A：昨日、暑かったね。
　C　B：本当。暑くて暑くて…、眠れなかったよ。

2 A：田中さんの彼女ってどの人ですか？
　D　B：ほら②、あそこで電話してる人。

3 A：今夜、飲みに行きませんか？
　　B：いいですね。行きましょう。

4 A：「パンを食べる」の「を」って、パソコンでどう打つんですか？
　　B：ＷＯですよ。
　　　　ダブリューオー

5 A：あれ？　あんまり食べないね。
　D　B：はい、今日は体調があまり良くないんです。

6 A：明日の夜、あいてますか？
　D　B：うん、あいてるよ。どうして？

7 A：あ～、食べすぎた～。おなかいっぱい。
　C　B：私も～。おなかがパンパン③。

8 A：あれ？　ここ携帯使えないんだ。
　C　B：うん。山奥だからね。

9 A：日本に来てどれくらいになりますか？
　　B：２年半になります。

10 A：鈴木さんはどこに住んでいるの？
　C　B：中野駅のそば。ピーターさんは？

1

A : It was hot yesterday, wasn't it.

B : I know. Hot, hot, hot...
I couldn't sleep at all.

A : 昨天可太热了。

B : 真的，热得我都睡不着觉。

A : 어제 더웠지.

B : 진짜. 너무 더워서…, 잠을 못 잤어.

2

A : Who is Mr. Tanaka's girl-friend?

B : Look, the person on the phone over there.

A : 哪个是田中的女朋友啊?

B : 看那边，那个在打电话的就是。

A : 다나카 상 여자친구가 어느 분이에요?

B : 저기 봐, 저기에서 전화하고 있는 사람이야.

3

A : Won't you go drinking with me tonight?

B : That sounds good. Let's go.

A : 今天晚上去喝一杯吗。

B : 可以诶。去吧!

A : 오늘 저녁에 한잔하러 안 갈래요?

B : 좋아요. 갑시다.

4

A : How do you type the " を " in " パンを食べる " on a com-puter?

B : Type it as "WO."

A : "パンを食べる（吃面包）"的 " を "，要怎么在电脑上打出来呀?

B : 打"WO"就会出来了。

A : "パンを食べる" 의 "を" 는 컴퓨터에서 어떻게 쳐?

B : 'WO' 예요.

5

A : Oh...? You aren't eating much, are you?

B : No, I don't feel very well to-day.

A : 咦? 你好像没怎么吃啊?

B : 嗯，今天身体不太舒服。

A : 어? 별로 안 먹네.

B : 네, 오늘 컨디션이 별로 안 좋아서요.

6

A : Are you free tomorrow eve-ning?

B : Yes, I'm free. Why?

A : 你明天晚上有空吗?

B : 嗯，有空。怎么了?

A : 내일 저녁에 시간 되세요?

B : 응, 있어. 왜?

7

A : Wow...I ate too much. I'm full.

B : Me too. My stomach's stuffed.

A : 啊~吃太多了，肚子好撑。

B : 我也是~肚子都要撑爆了。

A : 아~ 너무 많이 먹었어~. 배불러.

B : 나도~. 배가 빵빵해.

8

A : Oh no. Cell phones can't be used here.

B : Yeah, we are deep in the moun-tains now.

A : 咦? 原来这里用不了手机吗?

B : 嗯，毕竟在深山老林里嘛。

A : 어? 여기 휴대폰이 안 되는구나.

B : 어. 산속이니까.

9

A : How long have you been in Japan?

B : It has been two and a half years.

A : 来日本多久了呀?

B : 有2年半了。

A : 일본에 온 지 얼마나 됐어요?

B : 2년 반 됐어요.

10

A : Where does Mr. Suzuki live?

B : Next to Nakano station. What about you, Peter?

A : 铃木你住在哪里呀?

B : 中野站旁边。彼得你呢?

A : 스즈키 상은 어디 살아?

B : 나카노 역 옆에. 피터 상은?

1
A：日本語、すごく上手になったね。

Ⓓ B：ありがとうございます。でも、だんだんむずかしくなってきました。

2
A：日本語の勉強に使えるアプリ、知ってる？

Ⓒ B：キムさんなら知ってるかも。聞いてみたら？

3
A：いい天気だね。

Ⓒ B：うん。どこか行きたいね。

4
A：この辺は、春になるとさくらがきれいでしょうね。

B：ええ、すばらしいですよ。

5
A：大阪に行ったら、知らない日本語をたくさん聞きました。

B：あー、それは方言ですよ。日本も地方によって言葉がちがうんです。

6
A：この新しいスマホ、前よりも写真がきれいにとれるんだ。

Ⓒ B：へー、そうなんだ！　それはいいね。

7
A：あまり飲みませんね。

B：ええ。私、お酒弱いんです。

（自習室④で）

8
A：ここは勉強するところですから、おしゃべりする人は、別の部屋へ行って
　　くださいね。

B：あ、すみません。わかりました。

9
A：あれ？　めがね…。どこいったかな。

Ⓒ B：ん？　めがね？　どっかで見たよ。

10
A：あれ？　もう食べないの？

Ⓒ B：うん。さっき軽く食べちゃったんだ。

1
A : You've really gotten good at Japanese, haven't you.
B : Thank you very much. But, it's gotten harder and harder.

A : 你现在日语说得很好啊。
B : 谢谢。不过感觉越来越难学了

A : 일본어가 많이 늘었네.
B : 고맙습니다. 근데 점점 어려워져요.

2
A : Do you know an app that can be used for studying Japanese?
B : If anyone knows, it would be Mr/s. Kim. Why not ask him/her?

A : 你知道有什么可以用来学习日语的APP吗?
B : 金同学可能知道, 你问问看?

A : 일본어 공부에 쓸 만한 앱 알아?
B : 김 상이라면 알 지도 몰라. 물어봐.

3
A : Nice day, huh?
B : Yeah. It'd be nice to go somewhere, huh.

A : 天气真好啊。
B : 嗯, 想去哪儿逛逛。

A : 날씨 좋네.
B : 응. 어딘론가 가고 싶다.

4
A : The cherry blossoms must be really pretty around here in the Spring, don't you think?
B : Yes, they are amazing.

A : 这边到了春天, 樱花应该很美吧!
B : 是的, 很好看的。

A : 이 근처는 봄이 되면 벚꽃이 예쁘겠어요.
B : 네, 근사해요.

5
A : When I went to Osaka, I heard all kinds of Japanese I'd never heard before.
B : Oh, that's a dialect. The language varies in the different parts of Japan.

A : 去了大阪之后, 听到了很多没听过的日语。
B : 啊! 那个是方言啦。日本的各个地区都有不同的方言。

A : 오사카에 갔더니 모르는 일본 말이 많이 들렸어요.
B : 아~ 그거 사투리예요. 일본도 지방마다 말이 다르거든요.

6
A : This new smartphone takes sharper photos than my last one.
B : Really, is that right! That's great, isn't it.

A : 这个新手机, 拍照比之前那个手机清楚诶。
B : 这样啊! 这还挺不错的!

A : 이 새 스마트폰은 이전 거보다 사진이 잘 나와.
B : 오~ 그렇구나! 좋네.

7
A : You're not drinking much, are you.
B : That's right. I'm a lightweight when it comes to alcohol.

A : 看你没怎么喝啊。
B : 是的, 我酒量不好。

A : 술을 별로 안 드시네요.
B : 네. 제가 술이 약하거든요.

(In the Study Room)

(在自习室)

(자습실에서)

8
A : This is a place for studying, so people who want to chat, please go to a different room.
B : Oh, I'm sorry. I understand.

A : 这里是用来学习的地方。要讲话的人请去别的房间。
B : 啊, 抱歉。好的。

A : 여기는 공부하는 곳이니까 떠들 사람은 다른 방으로 가세요.
B : 아, 죄송합니다. 알겠습니다.

9
A : What the...? My glasses... Where did they go now.
B : Huh? Your glasses? I saw them somewhere.

A : 咦? 我的眼镜去哪儿了。
B : 嗯? 眼镜? 好像在哪儿看到过。

A : 어? 안경…. 어디 갔지.
B : 응? 안경? 어디서 봤는데.

10
A : What the...? Are you already full?
B : Yeah. I had a snack a little while ago.

A : 咦? 这就不吃了吗?
B : 嗯。我刚才吃过一点了。

A : 어? 벌써 그만 먹는 거야?
B : 응, 아까 가볍게 먹었거든.

section ④　🔊 14

1　A：いつも日曜日、何してるの?
　　B：うーん、YouTube見たりマンガ読んだり…。ゴロゴロ⑤してるよ。

2　A：あれ?　この服、安くなってる!
　　B：本当だ。７０ ％ オフだって。買いだね⑥。

3　A：夏休みはどうするの?
　　B：今年は一人で中国に行くつもりです。

4　A：日本の生活はどう?　もうなれた?
　　B：ええ。納豆も食べられるようになりました。

5　A：あ、リサさん、ひさしぶり。今、何をしているんですか?
　　B：今、新宿にある IT 企業で働いています。

6　A：学校までどうやって来るんですか?
　　B：うちから山手線で一本⑦です。

7　A：そろそろ行きませんか?
　　B：あ、すみません。その前にちょっとお手洗い、いいですか?

8　A：ねー、もう宿題した?
　　B：ううん。土日にするつもり。

9　A：山田さんはどちらにお住まいですか?
　　B：この近所に住んでいます。すぐそこです。

10　A：週末、山登りに行きませんか?
　　B：いいですね。でも、週末は天気が崩れる⑧らしいですよ。

1
A : What do you normally do on Sundays?
B : Well, I watch YouTube or read a manga or something. I just laze around.

A : 你星期天都干些什么?
B : 就在家闲着,刷刷YouTube啊,看看漫画啊什么的。

A : 평소에 일요일에 뭐해?
B : 음…유튜브 보거나 만화책 읽거나…. 빈둥거리지 뭐.

2
A : What the...? This outfit really got cheap!
B : It really has. It's some 70% off. What a deal.

A : 咦? 这个衣服,降价了?
B : 真的耶。说是3折诶。买了买了。

A : 어? 이 옷 할인하네!
B : 그렇네. 70% 세일이래. 당장 사야지.

3
A : What are you doing over the summer break?
B : I plan to take a trip on my own to China.

A : 你暑假怎么过?
B : 今年我打算一个人去中国。

A : 여름방학/휴가 때 뭐 할 거야?
B : 올해는 혼자 중국에 여행 갈 예정이에요.

4
A : How's your life in Japan? Gotten used to it?
B : Yes. I can even eat natto, the fermented soy bean dish.

A : 在日本过得怎么样? 还习惯吗?
B : 已经习惯了。连纳豆也能吃下去了。

A : 일본 생활은 어때? 이제 적응됐니?
B : 네. 낫또도 먹을 수 있게 됐어요.

5
A : Oh, hi Lisa, it's been awhile. What are you doing nowadays?
B : I'm working in an IT company in Shinjuku.

A : 啊,丽萨,好久不见。你现在在做什么?
B : 我现在在新宿的一家IT公司上班。

A : 아, 리사 상 오랜만이네요. 요즘 뭐해요?
B : 지금 신주쿠에 있는 IT 회사에서 일하고 있어요.

6
A : How do you get to school?
B : From my house, I can just take the Yamanote line.

A : 你怎么来学校的啊?
B : 从我家出发,山手线直达。

A : 학교까지 어떻게 오세요?
B : 집에서 야마노테센 타면 한 번에 와요.

7
A : Shouldn't we get going?
B : Oh, I'm sorry. But do you mind if I visit the restroom first?

A : 差不多该走了。
B : 啊,不好意思。走之前我先去一下洗手间行吗?

A : 이제 슬슬 갈까요?
B : 아, 미안해요. 그전에 화장실에 좀 가도 될까요?

8
A : Say, did you do your homework?
B : Nah. I'll do it on Saturday and Sunday.

A : 那什么,你作业做了吗?
B : 还没。我打算星期六做。

A : 너 숙제했어?
B : 아니. 주말에 하려고.

9
A : Mr. Yamada, where do you live?
B : I live near here. It is just over there.

A : 山田先生 你住在哪里呀?
我就住在附近。就在那边。
B :

A : 야마다 상은 댁이 어디세요?
B : 이 근처에 살아요. 가까워요.

10
A : Would you like to go mountain climbing on the weekend?
B : That sounds good. But it looks like the weather may turn bad this weekend.

A : 周末去爬山吗?
B : 可以有。不过,听说周末好像天气不太好。

A : 주말에 등산 안 갈래요?
B : 좋죠. 근데 주말에 날씨가 나빠진다던데요.

1
A：すみません。もう一度言ってください。
B：はい、「おおてまち」です。

2
A：木村先生って、どんな人だっけ？
C B：ほら、めがねかけてて、背が高い先生だよ。

3
A：寒くないですか？
B：大丈夫です。ありがとうございます。

4
A：山田さんの送別会、何時からでしたっけ？
D B：明日の8時からだと思うよ。

5
A：見て、この写真。
C B：あ〜、なつかしいね。

6
A：ここのレストラン、ランチタイムはビール200円なんだって。
C B：へー、知らなかった。それは安いね。

7
A：先生、どうして日本語の先生になったんですか？
B：いろいろな国の人に会えて、楽しいと思ったんです。

8
A：まだ雨、降っていますか？
B：いいえ、もう降っていませんよ。

9
A：まだ雪、降っていますか？
B：いいえ、もうやみましたよ。

10
A：アイさん、そのスカート、とっても似合ってるね。
C B：え、本当？　どうもありがとう。

1
A : I'm sorry. Could you say that again please.
B : Sure, it is "Ootemachi."

A：不好意思。麻烦再说一遍。
B：好的。是 "おおてまち(大手町)"。

A：죄송한데 한 번 더 말씀해 주세요.
B：네, "오오테마치"입니다.

2
A : What kind of person is professor Kimura again?
B : You know, s/he's tall and has glasses.

A：木村老师，长什么样来着?
B：就是那个戴着眼镜，高个子的老师呀！

A：기무라 선생님이 어떤 분이시지?
B：그 있잖아, 안경 쓰시고 키 크신 선생님 말이야.

3
A : Isn't it cold?
B : I'm fine. Thank you for asking.

A：是不是有点冷啊?
B：我不冷，谢谢。

A：안 추우세요?
B：괜찮아요. 고맙습니다.

4
A : What time is Mr/s. Yamada's farewell party again?
B : I think it's from 8 tomorrow night.

A：山田的送别会是几点开始来着?
B：应该是明天8点。

A：야마다 상의 송별회, 몇 시부터였죠?
B：내일 8시로 알고 있어.

5
A : Hey, look at this picture.
B : Oh, that takes you back, doesn't it.

A：快看这张照片。
B：啊~好怀念啊。

A：봐 봐, 이 사진.
B：와~ 옛날 생각난다.

6
A : I hear that beer is only 200 yen during lunchtime at this restaurant.
B : Really? I didn't know that. That sure is cheap, isn't it.

A：这家餐厅，午餐时间啤酒只要200日元。
B：哇！这我还真不知道。这可真便宜。

A：여기 레스토랑은 점심시간에 맥주가 200엔이래.
B：오~ 몰랐어. 싸네.

7
A : Professor, why did you become a Japanese teacher?
B : I thought it would be fun to meet people from different countries.

A：老师，您为什么当了日语老师啊?
B：因为我觉得能接触到各个国家的人，很有意思。

A：선생님, 왜 일본어 선생님이 되셨어요?
B：여러 나라 사람을 만날 수 있어서 재미있겠다고 생각했거든요.

8
A : Is it still raining?
B : No, it already stopped raining.

A：还在下雨吗?
B：没在下了，已经停了。

A：아직 비가 내리고 있어요?
B：아뇨. 이제 안 내려요.

9
A : Is it still snowing?
B : No, it already stopped raining.

A：还在下雪吗?
B：没在下了，已经停了。

A：아직 눈이 내리고 있어요?
B：아뇨. 벌써 그쳤어요.

10
A : Ai, that skirt really suits you, doesn't it.
B : Oh, you think so? Thanks a lot.

A：小艾，这条裙子很适合你诶。
B：诶? 真的吗? 谢谢。

A：아이 상, 그 치마 잘 어울리네.
B：아 정말? 고마워.

1 A：ねー、ねー、あのさー。
Ⓒ B：あ、ごめんね、今ちょっと…。あとでもいい？

2 A：すみませんが、しょうゆ取ってくれませんか？
B：はい、どうぞ。

3 A：来週の土曜、映画に行くんですけど、一緒に行きませんか？
Ⓓ B：あ、ごめん。土曜日は用事があって…。

4 A：昨日飲みすぎて頭が痛い。
Ⓒ B：大丈夫？　薬を飲んだほうがいいよ。

5 A：実は昨日ね、メイさんとデートしたんだ。
Ⓒ B：え〜、マジで⁹？

6 A：今日は午後から台風が来るそうですね。
Ⓓ B：うん、早く帰ったほうがいいね。

7 A：ねー、バス、まだ来ないの？
Ⓒ B：うん、遅いね。

8 A：あれ？　この時計、合ってる？
Ⓒ B：うん、合ってるよ。私のと同じ時間だよ。

9 A：イベントのチラシ、これでいいですか？
B：あー、いいですね。これでいきましょう。

10 A：明日の飲み会、来られる？
Ⓒ B：うん、ちょっと遅れるけど、行くよ。

1
A : Hey, hey, you know what?

B : Oh, I'm sorry, right now's not so good... Is later OK?

A：喂，喂！那什么……

B：啊，抱歉，现在有点事。能之后再说吗？

A : 저기 있잖아, 저기 말이야.

B : 아 미안, 지금은 좀…. 이따가 (이야기)해도 돼?

2
A : Excuse me, would you pass the soy sauce?

B : Yes, of course.

A：不好意思，能帮我拿一下酱油吗？

B：好的，给你。

A : 미안한데 간장 좀 집어 주시겠어요?

B : 네, 여기요.

3
A : I'm going to a movie next Saturday; would you like to go with?

B : Oh, I'm sorry. I have something on Saturday.

A：下星期六我想去看电影。要一起去吗？

B：啊，抱歉。我星期六有事。

A : 다음 주 토요일에 영화 보러 갈 건데 같이 안 가실래요?

B : 아 미안한데 토요일에는 볼일이 있어서….

4
A : I have a headache from drinking too much yesterday.

B : Are you alright? You should take some medicine.

A：昨天喝多了，头疼。

B：没事吧？还是吃点药吧。

A : 어제 과음해서 머리가 아파.

B : 괜찮아? 약 먹는게 좋겠다.

5
A : Actually, I had a date yesterday with May.

B : Wow...are you serious?

A：其实，我昨天的和梅约会去了。

B：诶!? 真的假的？

A : 실은 있잖아. 어제 메이 상이랑 데이트 했거든.

B : 에, 진짜?

6
A : I hear a typhoon is coming this afternoon.

B : Yeah, we better go home early.

A：听说今天下午好像要刮台风了。

B：嗯，还是早点回家吧。

A : 오늘은 오후부터 태풍이 온다고 하네요.

B : 네. 집에 일찍 가야겠어요.

7
A : Say, has the bus not arrived yet?

B : Yeah, it's late.

A：那个，巴士，还没来吗？

B：是啊，好慢啊。

A : 있잖아, 버스 아직 안 와?

B : 응, 늦네.

8
A : What the...? Is the time on this watch accurate?

B : Yeah, it's on time. I have the same time.

A：咦？这个钟准吗？

B：嗯，准的。和我的表一样的。

A : 어? 이 시계 맞아?

B : 어 잘 맞는데. 내 거랑 시간이 같은데.

9
A : Is this OK as the flyer for the event?

B : Hmm...it's great, isn't it. Let's go with it.

A：活动的宣传单，这样怎么样？

B：哎哟，不错哦。就用这个吧！

A : 이벤트 전단지, 이거면 될까요?

B : 오, 괜찮네요. 이걸로 합시다.

10
A : Can you come to the party tomorrow?

B : Yeah, I'll be a bit late, but I'm going.

A：明天的酒会你能来吗？

B：嗯，我会去的。就是会晚一点到。

A : 내일 술 마실 건데 올 수 있어?

B : 어. 좀 늦을 건데 갈 거야.

1 　A：駅に着いたら、電話してください。迎えに行きます。
　　B：ありがとうございます。よろしくお願いします。

2 　A：すみません。ちょっとよろしいですか？
Ⓓ　B：あ、リカルドさん、何ですか？

3 　A：昨日の夜の歌番組、見ましたか？
　　B：見ました！　大好きなグループが出たので、うれしかったです。

4 　A：まだ仕事？
Ⓒ　B：うん、まだ終わらないんだ。

5 　A：今日、何しようか。
Ⓒ　B：雨だし、ピザ食べながら、映画見ようよ。

6 　A：ワールドカップ、どこが優勝すると思う？
Ⓒ　B：うーん、どこかな。でも、日本にがんばってほしいなー。

7 　A：すみません、ちょっと道を教えてもらえませんか？
　　B：はい、いいですよ。どこですか？

8 　A：あ、財布忘れちゃった！
Ⓒ　B：大丈夫、貸してあげるよ。

9 　A：会議が終わったら、連絡もらえますか？
　　B：わかりました。

10 　A：昨日行ったレストラン、おいしかったね。
Ⓒ　B：うん、とくにデザートがね。

1
A : Give me a call when you get to the station. I'll come pick you up.
B : Thank you very much. I appreciate it.

A：到站了给我打个电话，我去接你。
B：谢谢。那就拜托你了。

A：역에 도착하면 전화 주세요. 마중 나갈게요.
B：고맙습니다. 부탁드려요.

2
A : Excuse me. Do you have a minute?
B : Oh, Ricardo, what is it?

A：不好意思，能稍微打扰一下吗?
B：啊，里卡多先生，什么事?

A：죄송한데 잠깐 시간 있으세요?
B：아, 리카르도 상, 무슨 일이에요?

3
A : Did you see the singing program last night?
B : Yeah, I saw it! I was so happy because a band I love was on it.

A：你看昨天的音乐节目了吗?
B：看了！我超喜欢的那个组合也出场了，可把我高兴坏了。

A：어젯밤에 한 음악방송 봤어요?
B：봤어요! 제가 진짜 좋아하는 그룹이 나와서 기뻤어요.

4
A : Still working?
B : Yeah, I haven't finished yet.

A：还在工作啊?
B：嗯，还没干完呢。

A：아직 일하는 중이야?
B：응, 아직 안 끝나네.

5
A : What shall we do today?
B : It's raining, so how about eating a pizza while watching a movie.

A：今天干点什么呢?
B：在下雨，还是吃个披萨看看电影吧。

A：오늘 뭐 할까?
B：비도 오는데 피자 먹으면서 영화나 보자.

6
A : Who do you think will win the World Cup?
B : Hmm, I wonder who. In any event, I hope Japan gives it their best.

A：世界杯你觉得哪一队会赢?
B：这……会是哪一队呢。不过还是希望日本能加把劲儿。

A：월드컵, 어느 나라가 우승할 것 같아?
B：음…글쎄. 그래도 일본이 잘 해줬으면 좋겠어.

7
A : Excuse me, would you mind giving me directions?
B : Yes, sure. Where are you going?

A：不好意思，可以向您问个路吗?
B：可以啊。你要去哪儿?

A：저기 죄송한데 길 좀 가르쳐 주시겠어요?
B：네, 그럼요. 어디 가시게요?

8
A : Oh, no, I forgot my wallet!
B : Don't worry, I'll lend you the money.

A：啊，我忘记带钱包了!
B：没事，我借你。

A：아, 지갑을 깜빡했어!
B：괜찮아, 빌려줄게.

9
A : Can you contact me after the meeting?
B : Yes, I will.

A：开完会可以联系我一下吗?
B：好的。

A：회의가 끝나면 연락해 주시겠어요?
B：알겠습니다.

10
A : The restaurant we went to yesterday was delicious, wasn't it?
B : Yeah, especially the dessert.

A：昨天去的那家餐厅好好吃啊。
B：嗯，尤其是甜品。

A：어제 간 레스토랑 맛있었지.
B：맞아, 특히 디저트가 맛있었어.

1 A：どこ行こうか。
C B：ボーリングに行きたいな。

2 A：今夜、飲みに行きませんか？
B：今夜ですか…。今夜はちょっときびしい[10]ですね。

3 A：最近、暖かくなってきたね。
C B：やっと春だね。

4 A：パクチー食べられる？
C B：いや、ちょっと、あの匂いが苦手で。

5 A：すみません、もう少しゆっくり話してください。
B：はい、わかりました。これくらいで大丈夫ですか？

6 A：今週中にプレゼン[11]資料作らなくちゃ。
C B：あ、そうなんだ。がんばって！

7 A：パン、作ったことありますか？
B：ええ、子どもが卵アレルギーなので、いつも手作りしています。

8 A：金曜日に、みんなでご飯に行こうと思っています。一緒にどうですか？
B：いいですね。他にはだれが行きますか？

9 A：早く帰ろうよ。
C B：ちょっと待って。すぐ片付けるから。

10 A：かっこいいね、その携帯！
C B：ありがとう。昨日機種変[12]したばっかりなんだ。

1
A : Where shall we go?

B : I want to go bowling.

A : 一起去干点什么吗?

B : 我想去打保龄球。

A : 어디 갈까?

B : 볼링 치러 가고 싶은데.

2
A : Won't you go drinking with me tonight?

B : This evening... Tonight would be a bit difficult, you know.

A : 今晚要不要一起去喝一杯?

B : 今晚啊……今天晚上有点不太方便诶……

A : 오늘 밤에 한잔하러 갈까요?

B : 오늘 밤이요? 오늘 밤은 좀 어려울 것 같은데요.

3
A : It's gotten warm lately, hasn't it.

B : Spring has sprung. (lit. Spring is finally here.)

A : 最近天气回暖了呢。

B : 春天终于来了。

A : 요즘 따뜻해졌네.

B : 드디어 봄이구나.

4
A : Do you like cilantro?

B : Nah, I don't much care for its smell.

A : 你吃香菜吗?

B : 不吃,不太喜欢那个气味。

A : 고수 먹을 줄 알아?

B : 아니. 좀 냄새가 싫어서.

5
A : Excuse me. Please speak a bit more slowly.

B : OK, I will. (lit. I understand.) Is this speed alright?

A : 不好意思,麻烦稍微说慢一点。

B : 好的,这样可以吗?

A : 죄송한데 조금 천천히 이야기해주세요.

B : 네, 알겠습니다. 이 정도면 괜찮으시겠어요?

6
A : I have to make presentation materials by the end of the week.

B : Oh, is that right? Do your best!

A : 我这个星期之内必须得把发表要用的资料准备好。

B : 哦,这样啊。你加油!

A : 이번 주에 발표 자료 만들어야 되는데.

B : 아, 그렇구나. 파이팅!

7
A : Have you ever made bread?

B : Yes, my children are allergic to eggs, so I always make it myself.

A : 你有做过面包吗?

B : 做过。我家孩子对鸡蛋过敏,所以面包一直都自己做的。

A : 빵 만들어 본 적 있어요?

B : 네, 우리 애가 계란 알레르기가 있어서 항상 만들어 줘요.

8
A : We are all planning to go out to eat on Friday. Would you like to join us?

B : That sounds good. Who else is going?

A : 我们星期五打算出去吃个饭。一起来吗?

B : 好呀。其他还有谁去?

A : 금요일에 다 같이 밥 먹으러 가려고 하는데 같이 어떠세요?

B : 좋네요. 다른 사람은 누가 가나요?

9
A : Let's go back early.

B : Wait a second. I just have to clean up first.

A : 我们赶紧回去吧。

B : 等我一下。我马上收拾。

A : 얼른 가자.

B : 잠깐만. 금방 정리할게.

10
A : That cell phone is cool, isn't it!

B : Thank you. I just changed models yesterday.

A : 你这手机好酷啊!

B : 谢谢,昨天刚换的。

A : 멋있다 그 휴대폰!

B : 고마워. 어제 막 기기변경 한 거거든.

1 A：マンションはいいよね。

C B：え？　なんで？

　　A：庭の手入れ[13]をしなくていいから。
　　　　にわ　て い

　　B：あ〜、たしかに。楽だよね。
　　　　　　　　　　らく

2 A：おいしいカレーの店、知りませんか？
　　　　　　　　　　　　みせ　し

　　B：秋葉原にありますよ。
　　　　あき は ばら

　　A：どの辺ですか？
　　　　　　へん

　　B：南口を出てすぐですよ。
　　　　みなみぐち　て

3 A：あ、やばい[14]！

C B：ん？　どうしたの？

　　A：昨日の宿題、うちに忘れてきちゃった。
　　　　き のう　しゅくだい　　　　わす

　　B：大丈夫、明日までだよ。
　　　　だいじょう ぶ　あした

4 A：来週の土曜日、バーベキューするんですが、山田さんも来ませんか？
　　　　らいしゅう　ど よう び　　　　　　　　　　　　　　　やま だ　　　　き

　　B：土曜日？　土曜日は先約があって…。
　　　　ど よう び　ど よう び　せんやく

　　A：そうですか。残念ですね。
　　　　　　　　　　ざんねん

　　B：行きたかったです。また誘ってください。
　　　　い　　　　　　　　　　　さそ

5 A：これ、作ってみたんだ。ちょっと味見してみて。
　　　　　　つく　　　　　　　　　あじ み

D B：え、自分で作ったんですか？　じゃ、一口。
　　　　　　じ ぶん　つく　　　　　　　　　　ひとくち

　　A：どう？

　　B：うわー！　サクサク[15]していておいしいです。

6 A：夏休みに沖縄に行こうと思っているんですが。
　　　　なつやす　おきなわ　い　　　おも

　　B：いいですね。沖縄には有名な水族館がありますよ。
　　　　　　　　　　おきなわ　　ゆうめい　すいぞくかん

　　A：そうなんですか。

　　B：一度行ったことがありますが、とても楽しかったですよ。
　　　　いち ど い　　　　　　　　　　　　　　　たの

1

A : Condos are nice, ya know.

B : What? Why's that?

A : Because you don't have to look after the garden.

B : Oh, that's true. It's easy that way.

A : 还是住公寓好啊。

B : 诶？为什么？

A : 不用打理庭院啊。

B : 哦，这倒是。是会轻松不少。

A : 맨션에 살면 좋겠다.

B : 어? 왜?

A : 마당 손질을 안 해도 되니까.

B : 아~ 그건 그래. 편하지.

2

A : You don't know any good curry places, do you?

B : Yeah, in Akihabara.

A : In what part?

B : It's just outside the South exit.

A : 你知道什么好吃的咖喱店吗?

B : 我知道秋叶原那边有一家。

A : 在哪一块啊?

B : 从南口出去马上就到了。

A : 맛있는 카레 가게 아세요?

B : 아키하바라에 있어요.

A : 어디 근처예요?

B : 남쪽 출구를 나가면 바로 있어요.

3

A : Oh, no, I'm sunk!

B : Huh? What happened?

A : I forgot yesterday's homework at home.

B : Don't worry. We have until tomorrow.

A : 啊！糟了!

B : 嗯？怎么了?

A : 我忘带昨天的作业了。

B : 没事啦，明天才交。

A : 아, 미치겠네!

B : 어? 왜 그래?

A : 어제 (한) 숙제를 집에 놔두고 와 버렸어.

B : 괜찮아. 내일까지야.

4

A : Next Saturday we are having a barbeque; won't you come as well, Mr. Yamada?

B : Saturday? I'm afraid I have a prior engagement on Saturday.

A : Is that right? That's a shame.

B : I would have liked to go. Please do ask me another time.

A : 我们礼拜六要开一个烧烤派对。山田你来吗?

B : 周六？我周六已经有约了……

A : 这样啊，可惜了。

B : 我也很想去……下次有机会请再叫上我！

A : 다음 주 토요일에 바비큐를 할 건데 야마다 상도 오지 않을래요?

B : 토요일이요? 토요일에는 선약이 있어서…

A : 그래요. 아쉽네요.

B : 가고 싶었는데. 다음에 또 불러 주세요.

5

A : I gave this a try making it. See if it tastes OK.

B : Oh, you made it yourself? In that case, one bite.

A : How is it?

B : Wow! It's so crispy and tasty.

A : 这个，我试着做了一下。你来尝尝看?

B : 诶？你自己做的？我来尝一口。

A : 怎么样?

B : 哇！脆脆的好好吃啊！

A : 이거 만들어 봤거든. 한 번 먹어 봐.

B : 오, 직접 만든 거예요? 그럼 한 입.

A : 어때?

B : 와, 바삭바삭해서 맛있어요.

6

A : I'm thinking of going to Okinawa over the summer break.

B : That sounds good. Okinawa has a famous aquarium.

A : Is that right?

B : It went one time and it was a lot of fun.

A : 我暑假想去冲绳玩。

B : 不错诶！冲绳还有有名的水族馆。

A : 这样啊。

B : 我去过一次，超好玩的！

A : 여름방학/휴가에 오키나와에 가려고 하는데요.

B : 괜찮네요. 오키나와에는 유명한 수족관이 있답니다.

A : 그래요?

B : 한 번 간 적이 있는데 정말 재미있었어요.

1 A：最近、冷えますね。
さいきん ひ

B：本当に。寒くなりましたね。
ほんとう さむ

A：インフルエンザが流行ってるらしいですよ。
はや

B：そうなんですか？ 気をつけなくちゃ。
き

2 A：新しい仕事には、もうなれた？
あたら しごと

B：はい、おかげさまで。でも…。

A：どうしたの？

B：朝のラッシュはまだまだなれません。
あさ

3 A：初めまして、田中と申します。
はじ たなか もう

B：初めまして。中村です。
はじ なかむら

A：これからよろしくお願いいたします。
ねが

B：こちらこそ、お世話になります。
せ わ

4 A：今週末の予定、何かある？
こんしゅうまつ よ てい なに

B：ううん、特にないよ。
とく

A：よかったら、ボルダリング行かない？
い

B：うん。久しぶりにいいね。
ひさ

5 A：週末、台風来るらしいよ。
しゅうまつ たいふう く

B：えー、週末出張なんだ。飛行機飛ぶかな。
しゅうまつしゅっちょう ひ こう き と

A：なんとか飛ぶといいね。
と

B：欠航はいやだな～。
けっこう

6 A：今度、彼女と一泊で旅行に行きたいんです。
こん ど かのじょ いっぱく りょこう い

B：いいですね。

A：都内からだと、どこがおすすめですか？
と ない

B：河口湖とか、どうですか？ 目の前に富士山が見えて人気がありますよ。
かわぐち こ め まえ ふ じ さん み にん き

1

A : It's cooling down lately, isn't it?

B : Yes, it sure is. It's gotten cold, hasn't it?

A : I hear the flu is going around.

B : Is that right? We better watch out.

2

A : Have you gotten used to your new job?

B : Yes, thanks. But...

A : What happened?

B : I haven't gotten use to the morning rush hour yet.

3

A : I'm pleased to meet you. My name is Tanaka.

B : Pleased to meet you. I'm Nakamura.

A : I look forward to working with you. (lit. Please be nice to me from now on.)

B : Me, too. (lit. I expect to be in your debt.)

4

A : Do you have anything planned for the weekend?

B : No, nothing special.

A : If it's of interest, why don't we go bouldering?

B : Yeah. It's been awhile, hasn't it.

5

A : It sounds like a typhoon is coming this weekend.

B : What? I have a business trip this weekend. I wonder if my flight will fly.

A : I sure hope it can fly.

B : I hate when flights get cancelled.

6

A : I want to go on an overnight trip with my girlfriend next time.

B : That sounds good.

A : Where do you recommend going from Tokyo?

B : How about Lake Kawaguchi? It's popular as you can see Mt. Fuji right in front of you.

A : 最近，有点冷啊。

B : 是啊。降温了呢。

A : 听说流感肆虐起来了。

B : 这样啊？那得小心点。

A : 新工作，适应了吗?

B : 托您的福，有些适应了。但是……

A : 怎么了？

B : 就是还是适应不了早高峰。

A : 你好，初次见面，我叫田中。

B : 你好，初次见面，我是中村。

A : 今后还请多多指教了。

B : 这话该我说才是，还请多多指教了。

A : 你这个周末有什么安排吗?

B : 没有，没什么特别的安排。

A : 要不要一起去攀岩?

B : 可以，好久没去了。

A : 听说周末要刮台风了。

B : 不是吧！我周末要出差欸！飞机还能飞吗?

A : 希望可以飞吧。

B : 可别取消航班啊……

A : 这次我想和女朋友一起去旅行，在外面住一晚的那种。

B : 不错嘛。

A : 从东京出发的话，有什么推荐的地方?

B : 河口湖什么的怎么样？可以近距离看到富士山，很有人气哦!

A : 요즘에 날이 차네요.

B : 진짜. 추워졌네요.

A : 독감이 유행하나 보더라고요.

B : 그래요? 조심해야겠네.

A : 새 일은 벌써 적응했어요?

B : 네. 덕분에요. 근데….

A : 왜요?

B : 아침 출근 전철에는 아직 적응을 못하겠어요.

A : 처음 뵙겠습니다. 다나카라고 합니다.

B : 처음 뵙겠습니다. 나카무라입니다.

A : 앞으로 잘 부탁드립니다.

B : 저야말로, 신세 많이 지겠습니다.

A : 이번 주말에 예정 있어?

B : 아니, 특별히 없는데.

A : 그럼 같이 볼더링 하러 안 갈래?

B : 그래. 오랜만에 하는 것도 좋지.

A : 주말에 태풍이 오나 보더라.

B : 어우, 주말에 출장인데. 비행기 뜰까?

A : 어떻게라도 뜨면 좋겠다.

B : 결항되는 건 싫단 말이야~.

A : 다음에 여자친구랑 일박으로 여행 가고 싶어요.

B : 그거 좋네요.

A : 도쿄에서 가면 어디가 괜찮나요?

B : 가와구치 호수는 어때요? 눈앞에 후지산이 보여서 인기가 있어요.

① コンビニ

「コンビニエンスストア」の略です。

This is an abbreviation for "コンビニエンスストア(convenience store)."

是 "コンビニエンスストア (convenience store)" 的略称。

"コンビニエンスストア(편의점)" 의 줄임말입니다.

② ほら

相手に見て欲しいときや気づいて欲しいときに注意を促す表現です。

This is an expression for drawing attention when you want the person you are with to look at or notice something.

在想让对方看某样东西时, 或注意到某样东西时, 为了引起对方的注意而说的话。

상대방이 봐 줬으면 할 때나 상대방의 주의를 끌고 싶을 때 쓰는 표현입니다.

③ パンパン

膨らんでいる様子を表した擬態語です。お腹がいっぱいという意味です。

This onomatopoeia expression indicates being bloated. It means your stomach is full.

是拟态词, 用来描述鼓鼓囊囊的样子。这里表示肚子吃撑了。

부풀어 오른 모습을 나타내는 의태어입니다. 배가 부르다는 뜻입니다.

④ 自習室
じ しゅうしつ

図書館などにある、自分の勉強をするための部屋のことです。

This refers to rooms for studying on your own, such as in a library.

图书馆等设施中, 用于自习的房间。

도서관 등에 있는 열람실처럼 자기공부를 하기 위한 방을 말합니다.

⑤ ゴロゴロ

転がる様子を表した擬態語です。ここでは外出などせず、のんびりするという意味です。

This onomatopoeia expression suggests rolling around. It means to relax without going out, etc.

拟态词, 用来描述滚来滚去的样子。这里表示宅在家里不出门, 悠哉悠哉, 无所事事的样子。

굴러가는 모습을 나타내는 의태어입니다. 여기에서는 집에서 한가하게 시간을 보낸다는 뜻입니다.

⑥ 買いだね
か

普段よりも安いので、今買ったほうがいいと思った時に使う言葉です。

This word is used when you think something is cheaper than usual, so you should buy it.

在发现某样商品降价时, 觉得趁现在买下来比较好时说的话。

평소보다 싸니까 지금 사는 게 좋겠다고 생각할 때 쓰는 표현입니다.

⑦ 山手線で一本
やまのてせん いっぽん

山手線以外に乗り換えなくても行けるという意味です。

This means you can go on the Yamanote line, without having to transfer.

表示不用换乘山手线以外的交通线路就可直达的意思。

야마노테센을 타면 갈아타지 않고 갈 수 있다는 뜻입니다.

⑧ 天気が崩れる
てん き くず

雨や雪などが降って天気が悪くなるという意味です。

This means the weather gets poor, due to rain or snow, etc.

即因下雨下雪导致的天气恶化。

비나 눈으로 인해 날씨가 나빠진다는 뜻입니다.

⑨ マジで

「本当に」という意味です。特に若い人が使う表現です。	It means "really" or "seriously." This expression is common among younger people.	即"真的吗"的意思，多为年轻人使用。	'진짜'라는 뜻입니다. 특히 젊은 사람들이 쓰는 표현입니다.

⑩ きびしい

ここでは断りの意味を表します。他に「むずかしい」などもよく使います。	Here it expresses the sense of refusing something. "むずかしい" is commonly used for this as well.	这里用来表示拒绝。除此之外，"むずかしい"一词也较为常用。	여기에서는 거절한다는 뜻을 나타냅니다. 그 외에도 "むずかしい"라는 의미로도 자주 씁니다.

⑪ プレゼン

「プレゼンテーション」の略です。	This is short for "プレゼンテーション(presentation)."	"プレゼンテーション(presentation)"的略称。	"プレゼンテーション(프레젠테이션)"의 줄임말입니다.

⑫ 機種変
きしゅへん

携帯電話の機種を変更したという意味で、「機種変更」の略です。	This is short for "機種変更 (changing models)" and means changing the model of one's cell phone.	是"更换了手机型号"的意思。是"機種変更"的略称。	'휴대폰 기종을 변경하다'라는 뜻으로, "機種変更"의 줄임말입니다.

⑬ 手入れ
てい

いい状態にするということです。ここでは掃除や草刈りをするという意味です。	This refers to keeping things in good condition. Here it means cleaning or cutting the grass.	指维护、打理或保养。在这里指打扫和清除杂草。	좋은 상태로 유지하는 것입니다. 여기에서는 청소나 잡초 뽑기 같은 것을 뜻합니다.

⑭ やばい

①とても悪い、②とてもいい、両方の意味があります。ここでは①の意味です。	It can mean either really bad ① or really good ②. Here it has the meaning of ①.	有两种意思：①非常糟糕；②非常好。这里用到的是①的意思。	①아주 나쁘다 ②아주 좋다, 양쪽의 뜻이 있습니다. 여기에서는 ①의 뜻입니다.

⑮ サクサク

クッキーなどを噛んだ時の音を表した擬音語です。	This onomatopoeia expression suggests crispy or crunchiness, such as when biting into a cookie.	拟声词。用于描述吃饼干等松脆的食物时的声音。	쿠키 같은 것을 씹었을 때의 소리를 나타낸 의성어입니다.

相手がいると楽しい
It's Fun When You Have a Practice Partner
有互动对象更有趣 / 연습 상대가 있으면 즐겁다

シャドーイングに慣れてきたら、誰か相手を見つけてペアでシャドーイングすることをお勧めします。相手がいることで言葉に気持ちが入り、本当の会話らしくなります。アクセントやイントネーションだけでなく、顔の表情や身ぶり手ぶりまでが自然になり、まるで自分たちの会話をしているように楽しくシャドーイングできます。時にはそのままリアルな会話が続くこともあるでしょう。「話せる!」が実感できる瞬間です。

Once you are used to doing shadowing, we recommend that you find a practice partner and practice shadowing together. Having a partner makes you say the words with feeling and the dialog becomes more real. Not only will your accent and intonation become more natural, but so will your facial expressions and gesture. It also makes the practice more fun, as if you are having your own conversation during shadowing. At times, a dialog may continue into reality. That is the moment when you can actually feel, "I can speak!"

渐渐习惯影子跟读之后，可以找同伴作为会话的对象来进行练习。有说话的对象在，会更容易代入情感，练习也会更贴近真实的会话。这样，除了语音语调，面部表情和手势动作也会更加自然。在练习影子跟读时，就会像是自己真的在进行对话一般，变得更加有趣。在影子跟读结束后，继续顺着会话内容接着聊下去也不错。那时就会切实地感受到自己"能说了"。

섀도잉에 적응되면 누군가 연습 상대를 찾아 페어로 연습하는 것을 추천합니다 . 연습 상대가 있으면 말에 마음이 담겨 회화스러워집니다 . 강세나 억양 뿐만 아니라 얼굴 표정 , 손짓 , 몸짓까지 자연스러워지며 마치 자신들의 이야기를 하는 것처럼 즐겁게 할 수 있습니다 . 때로는 그대로 대화가 이어질 수도 있겠죠 . "말 할 수 있다 !" 를 실감할 수 있는 순간입니다 .

Unit

3

様々な場面での会話にチャレンジしましょう。
相手に合わせてフォーマルやカジュアルな話し
方ができるとコミュニケーションがスムーズに
なります。

Let's try conversing in various scenarios. Your
communication will go more smoothly if you can
speak in casual and formal language, depend-
ing on the person you are speaking to.

来挑战一下各种情境下的对话吧！学会结合对方的实际
情况，灵活运用较为正式的，或较为日常的说话方式。
这样便能够与他人进行顺畅的沟通与交流。

다양한 상황의 회화에 도전해 봅시다. 상대방에게 맞추어 정
중한 표현이나 가벼운 표현을 쓸 수 있게 되면 의사소통이 원
활해집니다.

レベル 3	初級 Beginner 初学者　초급		初中級 Pre-intermediate 初学者-中級　초중급		中級 Intermediate 中級　중급
	◎ 自 / 他動詞	Intransitive/ Transitive verbs	自/他动词	자/타동사	◎ ～ている / ある ◎ ～する / したところ
	◎ 受身形	Passive form	被动形	수동형	◎ ～つもり
	◎ 使役形	Causative form	使役形	사역형	◎ もらう / くれる / あげる
	◎ 縮約形	Contraction form	缩约形	축약형	◎ ～ようにしている
	◎ 尊敬語 / 謙譲語	Honorific/Hum- ble expressions	尊敬/自谦语	존경어/겸양어	◎ ～ことになった ◎ ～らしい
	◎ 擬音語 / 擬態語	Onomatopoeia	拟声/拟态词	의성어/의태어	◎ ～みたい etc

1 A：ジョンさんの部屋は家賃いくらですか？
　　B：月5万円です。

2 A：ホテル予約してある？
　　B：うん。昨日しといた①よ。

3 A：あ、見て！　昨日の台風で木が倒れてる！
　　B：本当だ。すごい風だったんだね。

4 A：リンさん、宿題は？
　　B：すみません。今、母が来ているので、来週出してもいいですか？

5 A：あれ？　今日はお弁当ですか。自分で作ったんですか？
　　B：あ、いえ、彼女に作ってもらいました。

6 A：山田さん、そのくつ大きくないですか？
　　B：ううん、ぴったり②だよ。

7 A：あれ？　ドアが開いていますね。
　　B：本当だ。だれが開けたんでしょうね。

8 A：ねー、聞いた？　田中さん、宝くじで100万円当たったんだって。
　　B：えー、すごいね！　おごってもらおう。

9 A：すみません、待ちましたか？
　　B：いえ、僕③も今来たところです。

（デパ地下④で）
10 A：これ、おいしそう！
　　B：本当だ。あ、試食があるから食べてみよう。

1
A : How much is the rent for your room, John?
B : 50,000 yen per month.

A : 约翰你的房子租金是多少?
B : 每个月5万日元。

A : 존 상이 사는 방은 집세가 얼마예요?
B : 월 5만 엔이에요.

2
A : Have you booked a hotel?
B : Yes. I did it yesterday.

A : 酒店预约好了吗?
B : 嗯, 昨天就约好了。

A : 호텔 예약해 놨어?
B : 응, 어제 해 놨어.

3
A : Hey, look! Trees fell down because of the typhoon yesterday.
B : You're right. It must've been a terrible wind.

A : 哇! 你看! 昨天的台风把树吹倒了!
B : 真的诶! 那个风真的大。

A : 저기 봐! 어제 태풍으로 나무가 쓰러져 있어!
B : 진짜네. 바람이 심했나 봐.

4
A : Lin, what about your homework?
B : I am sorry. My mother is visiting me now, so may I submit it next week?

A : 林同学, 你作业呢?
B : 不好意思, 我妈来了, 我能下周交吗?

A : 린 상, 숙제는?
B : 죄송해요. 지금 어머니가 와 계셔서요. 다음 주에 내도 될까요?

5
A : Oh? You brought your lunch today. Did you make it yourself?
B : Oh, no, my girlfriend made it for me.

A : 咦? 今天带的便当啊? 自己做的吗?
B : 啊, 不是。是我女朋友给我做的。

A : 어? 오늘은 도시락이네요. 직접 만드셨어요?
B : 아뇨, 여자친구가 만들어 줬어요.

6
A : Mr. Yamada, are these shoes too big for you?
B : No, they are perfect.

A : 山田, 你的鞋子是不是大了点?
B : 没有啊, 刚好合脚。

A : 야마다 상, 그 신발 크지 않아요?
B : 아닌데, 딱 맞아.

7
A : Huh? The door is open, isn't it?
B : Right. I wonder who opened it.

A : 咦? 门怎么开着?
B : 真的诶。谁开的门啊?

A : 어? 문이 열려있네요.
B : 그러네. 누가 열어났나 봐요.

8
A : Hey, did you hear? Mr/s. Tanaka won 1 million yen in the lottery.
B : Wow, that is great! Let's have him/her buy us a meal.

A : 你听说了吗, 田中买彩票中了100万日元。
B : 诶! 太厉害了吧! 让他 (她) 请吃饭去。

A : 그 얘기 들었어? 다나카 상이 복권으로 100만 엔 당첨됐대.
B : 대단한데? 한턱 쏘라고 해야겠다.

9
A : I am sorry. Have you been waiting for long?
B : No, I just arrived, too.

A : 不好意思, 等很久了吗?
B : 没有, 我也是刚到。

A : 죄송해요. 기다리셨어요?
B : 아뇨, 저도 지금 막 왔어요.

(In the Basement of a Department Store)

(在百货店地下层)

(백화점 식품매장에서)

10
A : This looks delicious!

B : Yes it does. Look, they have samples, so we can try it.

A : 这个感觉会很好吃!

B : 真的诶。啊, 有试吃的, 去尝尝看。

A : 이거 맛있겠다!

B : 그러게. 아, 시식하니까 먹어보자.

section 2 🔊22

1 A : 袋は有料ですが、お入れしますか？
F B : いえ、そのままで結構です。

2 A : 来週、京都から友だちが来るんだ。
C B : そうなんだ。楽しみだね。

3 A : 再配達、何時ごろ来てくれるって？
C B : 7時から9時のあいだで頼んどいたけど…もう8時半だね。

4 A : あれ？　電気が切れてますね。
B : え〜！　先週、LEDに変えたばかりなんですけど…。

5 A : 先生、大学合格しました。
D B : えっ！　すごい。おめでとう。

6 A : あれ？　ご飯食べないんですか？
B : ええ、ダイエット中なんで炭水化物⑤は食べないようにしています。

7 A : 今日の午後、うかがってもよろしいですか？
F B : はい、お待ちしています。

8 A : 昨日、駅前の商店街で火事があったらしいですね。
B : そうらしいですね。

9 A : 明日の会議の資料の準備は大丈夫ですか？
B : はい。スライドも配布資料も確認済みです。

(書店で)
10 A : それ何？　あ、シャドーイングの本？　よさそう？
C B : うん、すらすら⑥話せるようになるって書いてあるよ。

1
A : We have to charge you for the bag, but shall I put them in one?
B : No, as-is is fine.

A : 袋子是收费的，需要袋子吗?
B : 不用，就这样给我就好了。

A : 비닐봉지는 유료인데 넣어드릴까요?
B : 아뇨, 그냥 주세요.

2
A : My friend is coming from Kyoto to visit me next week.
B : Is that right? That will be fun.

A : 下周我有个朋友要从京都过来。
B : 这样啊，那可真令人期待。

A : 다음 주에 교토에서 친구가 올 거야.
B : 그렇구나. 기다려지겠다.

3
A : About what time will the redelivery be made?
B : I asked for between 7 to 9 o'clock…but it's already 8:30, right?

A : 申请的再次派送，是什么时候到来着?
B : 我申请的是7点到9点，可是这会儿都已经8点半了。

A : (택배) 재배달, 몇 시쯤에 온다고?
B : 7시부터 9시 사이로 부탁했는데…벌써 8시 반이네.

4
A : Huh? The light is off.
B : Oh no! I just changed it to an LED last week...

A : 咦? 灯怎么关了。
B : 不是吧! 我上礼拜刚换的LED啊……

A : 어? 전기가 나갔네요.
B : 에? 지난주에 LED로 막 바꾼 참인데요….

5
A : Professor, I passed the entrance exam to the university.
What! Great. Congratulations.
B :

A : 老师，我考上大学了。
B : 诶! 真厉害! 恭喜你!

A : 선생님, 대학교에 합격했어요.
B : 에! 대단하다! 축하한다!

6
A : Hey, are you not eating?
B : No, I am on a diet and trying to avoid carbohydrates.

A : 咦? 你不吃米饭吗?
B : 是的。我在减肥，所以都不吃碳水化合物。

A : 어? 식사 안 하세요?
B : 네, 다이어트 중이라 탄수화물은 안 먹으려고 하고 있어요.

7
A : May I visit your place this afternoon?
B : Sure, I will look forward to it. (lit. I will be waiting.)

A : 我可以今天下午去叨扰吗?
B : 好的。恭候您来。

A : 오늘 오후에 찾아봬도 될까요?
B : 네, 기다리고 있겠습니다.

8
A : It sounds like there was a fire in the shopping center in front of the station yesterday.
B : It seems so.

A : 听说昨天，车站前面那条商店街着火了。
B : 好像是的。

A : 어제 역 앞 상점가에서 불이 났나 봐요.
B : 그런가 보더라고요.

9
A : Are we OK with the preparation of materials for tomorrow's meeting?
B : Yes. Both the slides and materials to be delivered are in good order.

A : 明天会议的资料准备好了吗?
B : 准备好了。PPT和分发的资料都准备好了。

A : 내일 회의자료 준비는 어때요?
B : 네, 슬라이드도 배포 자료도 확인이 끝났습니다.

(At a Bookstore)

(在书店)

(서점에서)

10
A : What's that? Oh, a book on shadowing? Does it look good?
B : Yeah, it says, you will be able to speak fluently.

A : 那是什么? 啊，影子跟读的书? 好用吗?
B : 嗯，上面写着说是可以让你的会话变得流利。

A : 그거 뭐야? 아, 섀도잉 책이야? 좋은 것 같아?
B : 응, 입이 트인다고 써져 있어.

1 A：ねー、そのクッキー、一口ちょうだい⑦。
　 B：いいよ。一口じゃなくて一枚⑧あげる。はい、どうぞ。

2 A：あー、雨が降ってきましたね。
　 B：傘、お持ちですか？　良かったら、これお使いください。

3 A：お茶、どうぞ。熱いのでお気をつけください。
　 B：あ、すみません。いただきます。

4 A：もしもし、山田さんですか？　佐藤です。今、話して大丈夫ですか？
　 B：あ、今、電車の中なんです。駅に着いたら、こちらからかけ直します。

5 A：ねー、聞いた？　マリエさん、結婚するんだって。
　 B：うん、おめでた⑨らしいね。

6 A：日本に来るとき、緊張しましたか？
　 B：はい、外国での一人暮らしは初めてですから。

7 A：ねー、もっときれいに書いたほうがいいよ。これ、なんて書いたの？
　 B：あー、なんだっけ…。自分でも読めない。

8 A：夏休みはスウェーデンに帰りますか？
　 B：帰りたいんですけどね。ハイシーズンなので飛行機のチケットが高くて…。

9 A：も～！　遅れるなら、ちゃんと連絡してよね。
　 B：ごめん！　ミーティングがなかなか終わらなかったんだよ。

10 A：今度、ご飯でも⑩いかがですか？
　 B：あ、いいですね。ぜひ。

1
A : Hey, give me a bite of that cookie.
B : Fine. I'll give you the whole cookie, not just a bite. Here you go.

A : 诶，那个饼干，你给我来一口。
B : 可以啊。不过不是给你一口，而是一块。给你。

A : 저기, 그 쿠키 한 입만 줘.
B : 그래. 한 입 말고 하나 줄게. 자, 받아.

2
A : Oh no, it started raining.
B : Do you have an umbrella? Please use this if you'd like.

A : 啊，开始下雨了。
B : 你带伞了吗？不介意的话，用这把吧？

A : 아~ 비가 내리기 시작하네요.
B : 우산 있으세요? 괜찮으시면 이거 쓰세요.

3
A : Here is your tea. Be careful it's hot.
B : Oh, thank you very much.

A : 请喝茶。小心烫。
B : 啊，麻烦了。那我喝了。

A : 차 드세요. 뜨거우니까 조심하세요.
B : 감사합니다. 잘 먹겠습니다.

4
A : Hello, is this Mr. Yamada? This is Sato. Can you talk now?
B : Um, I am on the train right now. Let me call you back when I arrive at the station.

A : 喂？是山田吗？我是佐藤。现在方便说话吗？
B : 啊，我现在在电车上。到站了我再给你打过去。

A : 여보세요? 야마다 상이에요? 사토입니다. 지금 통화 가능하세요?
B : 아, 지금 전철 안이거든요. 역에 도착하면 다시 전화드릴게요.

5
A : Did you hear? Marie is getting married.
B : Yeah, it sounds like she is having a baby.

A : 欸，听说了吗？玛利要结婚了。
B : 嗯，好像还怀孕了。

A : 그 얘기 들었어? 마리에 상 결혼한대.
B : 응. 아기가 생겼나 보더라.

6
A : Were you nervous before coming to Japan?
B : Yes, it is my first time to live abroad, so…

A : 你来日本的时候，紧张吗？
B : 紧张的。毕竟是第一次去国外独立生活。

A : 일본에 올 때, 긴장했어요?
B : 네, 외국에서 혼자 사는 게 처음이거든요.

7
A : Hey, you should write more neatly. What did you write here?
B : Let's see…what was it… I can't read it myself either.

A : 你的字如果再写清楚点就好了。你这写的是什么？
B : 啊，是什么来着……我自己也认不出来了。

A : 글씨를 좀 더 예쁘게 쓰는 게 좋아. 이거 뭐라고 쓴 거야?
B : 아~ 뭐더라…. 나도 못 읽겠다.

8
A : Will you go back to Sweden for summer break?
B : I would like to go back. But because it's the peak season, the airplane ticket is expensive…

A : 暑假要回瑞典吗？
B : 我倒是想回去的来着，但是因为是出行旺季，机票太贵了……

A : 여름방학/휴가 때 스웨덴으로 돌아가세요?
B : 가고 싶긴 한데. 성수기라 비행기 표가 비싸서요….

9
A : Hey, if you are going to be late, make sure to let me know.
B : Sorry! The meeting dragged and didn't finish earlier.

A : 真是的！要迟到的话好歹跟我说一声啊！
B : 抱歉！因为会议一直结束不了。

A : 진짜~ 늦으면 연락 좀 하라고.
B : 미안! 미팅이 자꾸 안 끝나는 거야.

10
A : How about going out for a meal sometime?
B : Oh, that sounds nice. By all means.

A : 下次要不要一起去吃个饭什么的？
B : 哦，好啊！必须的。

A : 다음에 (같이) 밥이라도 어떠세요?
B : 네, 좋아요. 꼭 가요.

77

1　A：健康のために、何かしてますか？
　　B：はい。毎朝30分はウォーキングするようにしています。

2　A：タンさん、日本の生活で大変なことはありませんか？
　　B：ありがとうございます。おかげさまで⑪、今のところ大丈夫です。

3　A：すみません。データが送れないんですけど…、どうしましょう。
　　B：あ、じゃ、田中さんにちょっと聞いてみてください。

4　A：今、父親からLINEが来てさー、今週出張で東京に来るって。
ⓒ　B：じゃー、久しぶりに会えるじゃん⑫。良かったね。

5　A：田中さん、明日までに今日の議事録作っておいてくださいね。
　　B：はい、わかりました。

6　A：ねー、聞いてよ。昨日の店、ビールと焼き鳥だけで4000円もしたんだ。
ⓒ　B：え〜、それは高い。ぼったくり⑬だね。

7　A：あれ？　その本、何？　面白そう。見せて。
ⓒ　B：うん、いいよ。この本、ベストセラーなんだ。

8　A：ビーガンの人が食べられるラーメン屋、知ってますか？
　　B：あ、うちの近所にありますよ。野菜だしのスープがおいしいですよ。

9　A：いい辞書アプリ探しているんだけど、何かおすすめある？
ⓒ　B：アプリのことなら、パクさんに聞いたら？　いろいろ知ってるよ。

10　A：ちょっと会わないうちに、ずいぶん日本語が上手になったね。
ⓒ　B：またまた〜⑭。でも、ありがとう。

1
A : Are you doing something for your health?
B : Yes. I try to walk for 30 min. every morning.

A : 你有养生什么的吗?
B : 有啊。我每天早上都要步行30分钟。

A : 건강을 위해서 하고 있는 게 있어요?
B : 네. 매일 30분은 워킹을 하려고 하고 있어요.

2
A : Mr. Tan, is there anything you find difficult in living in Japan?
B : Thank you for asking(lit. thanks to you). So far so good, thanks to you.

A : Tan，你在日本生活有什么困难吗?
B : 谢谢关心。托您的福，我目前没什么困难。

A : 단상, 일본 생활에서 힘든 점은 없어요?
B : 고맙습니다. 덕분에 아직은 괜찮습니다.

3
A : Excuse me. I can't send the data, so what should I do?
B : In that case, then, please ask Mr/s. Tanaka.

A : 不好意思，请问数据发不出去怎么办?
B : 哦。这个你问一下田中试试。

A : 죄송한데요. 데이터가 안 보내지는데…어쩌죠.
B : 아, 그럼 다나카 상한테 한 번 물어보세요.

4
A : I just received a LINE message from my dad, and he says he's coming to Tokyo on a business trip this week.
B : Oh, it's been a long time since you've seen him. It's good that you get to see him.

A : 刚刚父亲给我发了LINE，说是这个星期要到东京来出差。
B : 都好久没见了，不是正好见个面嘛。太好了。

A : 지금 아빠한테서 LINE이 왔는데, 이번 주에 출장으로 도쿄에 오신대.
B : 그럼 오랜만에 만날 수 있잖아. 잘 됐네.

5
A : Ms. Tanaka, please make the meeting minutes by tomorrow.
B : Yes, I will.

A : 田中，明天之前吧今天的会议记录整理好给我。
B : 好的，明白了。

A : 다나카 상, 오늘 회의록을 내일까지 만들어 놓으세요.
B : 네. 알겠습니다.

6
A : Hey, get this. It cost 4,000 yen for just a beer and chicken skewers at the place I ate yesterday.
B : Oh my god, that's expensive. They took you to the cleaners, didn't they?

A : 你听我说，昨天那家店，我们才点了啤酒和烤鸡肉串就花了4000日元。
B : 诶? 这也太贵了，抢钱啊?

A : 들어봐. 어제 갔던 가게, 맥주랑 닭꼬치만 먹고 4000엔이나 나왔어.
B : 에~ 비싸다. 바가지네.

7
A : Hey, what is that book? It looks interesting. Can I see it?
B : Sure. This book is a best seller.

A : 咦? 那是什么书? 看着还挺有趣的。给我看看?
B : 嗯，可以啊。这本可是畅销书。

A : 어? 무슨 책이야? 재미있겠다. 보여 줘.
B : 자. 이 책 베스트셀러야.

8
A : Do you know a ramen shop where a vegan can eat?
B : Yes, it's in my neighborhood. The soup made from vegetable stock is delicious.

A : 你知道哪里有素食主义者能吃的拉面店吗?
B : 啊，我家附近就有。蔬菜熬的高汤可好喝了。

A : 채식주의자가 먹을 수 있는 라면 가게 아세요?
B : 우리 집 근처에 있어요. 채소 국물이 맛있어요.

9
A : I've been searching for a good dictionary app, but do you have any recommendations?
B : If it's apps you want, how about asking Mr/s. Pak? S/he knows a lot about them.

A : 我在找好用的可以查辞典的APP，有什么推荐的吗?
B : APP的话，你问问朴同学? 感觉他（她）知道的还挺多的。

A : 괜찮은 사전 앱을 찾는 중인데, 괜찮은 거 있어?
B : 앱이라면 박 상한테 물어보지? 잘 알거든.

10
A : Your Japanese has gotten much better in the short time since I last saw you.
B : Oh stop it. But thank you.

A : 才几天不见，你的日语都说得这么好了?
B : 少来啦~不过，谢谢了。

A : 안 본 사이에 일본어가 많이 늘었네.
B : 아직 멀었지~. 그래도 고마워.

1 A： そのセーターいい色ですね。

B： ありがとうございます。でも、ちょっとチクチク[15]するんです。

2 A： スマホでお金払うのって、便利ですか？

B： すごく便利ですよ。ポイントもたまるし。

3 A： あれ？　髪の毛切った？　いいな、私も切ろうかな。

Ⓓ B： 短くするとすごく楽ですよ。おすすめです。

4 A： 今日から新しいバイトなんだ。緊張するなー。初日だから早めに行こうかな。

Ⓒ B： うん、それがいいよ。がんばって！

5 A： もしよろしければ、こちらのパンフレットもお読みください。

Ⓓ B： あっ、どうも。

6 A： 田中さん、昨日、渋谷で男の人と一緒に歩いてたでしょう。

Ⓒ B： え～、見たの？　実はね、新しい彼氏なの。

7 A： 映画を見るなら、やっぱり映画館の大スクリーンだよね。

Ⓒ B： うん。でも、プロジェクター使えば、うちでもけっこう大画面が楽しめるよ。

8 A： ハックション！

B： あれ、風邪？　大丈夫ですか？

A： あー、今年も花粉症が始まったんです。ハ、ハ、ハックション！

9 A： 今晩、何食べたい？

Ⓒ B： そうだなー。久しぶりにステーキはどう？

10 A： このチーズ、おいしいですね。どちらのですか？

Ⓕ B： こちらはフランス産でございます。

1
A : I like the color of that sweater.

B : Thank you very much. But it prickles me a little.

A：这个毛衣颜色真好看。

B：谢谢。不过，就是有点扎人。

A：그 스웨터 색깔이 예쁘네요.

B：고마워요. 근데 좀 따끔거려요.

2
A : Is it convenient to pay with the smartphone?

B : Very convenient. You can also receive points.

A：用手机支付方便吗?

B：可方便了。还能积分。

A：스마트폰으로 결제하는 거 편해요?

B：되게 편해요. 포인트도 쌓이고.

3
A : Hey, did you get a hair cut? Nice, I should get one, too.

B : Short hair is very easy to care for. I recommend it.

A：咦? 你剪头发了? 真好，我要不也去剪一个吧。

B：剪短了感觉浑身轻松。推荐你试试。

A：어? 머리 잘랐어? 좋겠다. 나도 자를까.

B：짧으면 되게 편해요. 추천해요.

4
A : I start my new part-time job today. I am nervous! I might go early since it's my first day.

B : Yes, you should do that. Good luck!

A：今天就要开始新的打工了。好紧张啊。第一天上班要不要早点去啊。

B：嗯，早点去比较好。加油!

A：오늘부터 새 아르바이트 시작해. 긴장되네. 첫날이니까 일찍 갈까.

B：응, 그게 좋겠어. 열심히 해!

5
A : If you like, please read this pamphlet as well.

B : Oh, thank you.

A：可以的话，请看一下这个宣传册。

B：哦，谢谢。

A：괜찮으시면 이 팸플릿도 읽어보세요.

B：아, 고맙습니다.

6
A : Ms. Tanaka, you were walking with a man in Shibuya yesterday, weren't you?

B : Oh my god, you saw that? To tell you the truth, it was my new boyfriend.

A：田中你昨天在涉谷和一个男人走在一起吧。

B：诶? 你看到了? 那个其实是我的新男朋友。

A：다나카 상, 어제 시부야에서 남자랑 같이 걸어가고 있었죠?

B：어머, 봤어? 실은 새 남자친구야.

7
A : If you're going to watch a movie, it should be on the big screen in the movie theater, right?

B : Sure. But if you use a projector, you can enjoy a pretty big screen at home.

A：看电影的话，果然还是去电影院在大屏幕上看比较好吧?

B：是啊。不过，用投影仪的话，在家里也可以享受到大屏幕的效果哦!

A：영화를 볼 거면 역시 대형 스크린이지.

B：그렇지. 그래도 빔프로젝트가 있으면 집에서도 큰 화면으로 즐길 수 있어.

8
A : Achoo!

B : Oh, have you caught a cold? Are you OK?

A : Well, my hey fever started again this year. Achoo!

A：阿嚏!

B：怎么，感冒了? 没事吧?

A：唉，今年的花粉症又开始了。阿，阿，阿嚏!

A：에취!

B：어, 감기? 괜찮아요?

A：아~ 올해도 꽃가루 알레르기가 시작됐거든요.에, 에, 에취!

9
A : What do you want to eat tonight?

B : Let me think… How about a steak, I haven't had that for a while.

A：今天晚上吃什么?

B：我想想。久违地吃个牛排怎么样?

A：오늘 밤에 뭐 먹고 싶어?

B：글쎄~. 오랜만에 스테이크는 어때?

10
A : This cheese is delicious! Where is it from?

B : This is made in France.

A：这个芝士，真好吃。是哪儿产的啊

B：这个是法国产的。

A：이 치즈 맛있네요. 어디 건가요?

B：이쪽은 프랑스산입니다.

section ⑥ 26

1 A：あ～、あと半年で卒業。4月から社会人だよ。
   B：本当ねー。今のうちにやりたいことやっておかなくちゃ。

2 A：あのー、すみません。明日から国に帰るので、バイト二週間休ませていただけませんか？
   B：えっ、困るな～。もっと早く言ってくれないと…。

3 A：洋服は燃えるゴミ。アルミホイルは燃えないゴミだよ。
   B：あ～、日本のゴミの分別⑯は本当に複雑！

4 A：赤ワインは体にいいって言われてるので、ついたくさん飲んでしまうんです。
   B：でも、飲みすぎはよくないんじゃないですか？

5 A：試合、頑張ってくださいね！ みんなで応援に行きますから。
   B：ありがとうございます。全力で頑張ります！

6 A：明日の飲み会、行こうかな、やめようかな、どうしようかな。
   B：もう行くって言ってあるんでしょ？ じゃー、行かなくちゃ。

（アルバイト先で）
7 A：土日のシフトも大丈夫ですか？
   B：すみません。土曜日はちょっと…。でも、日曜日は大丈夫です。

8 A：グッチって、どこのブランド？
   B：イタリアのブランドだよ。知ってそうで、意外と知らないんだね。

9 A：あー、後で食べようと思ってたのに…。私のケーキ食べたの、だれ？
   B：あ、ごめん。食べてもいいのかと思っちゃった。

10 A：ご注文はお決まりですか？
   B：えーと、じゃー、とりあえずビール⑰で。

1
A : Well, in half a year, we will be graduating. We will be members of society from April.

B : I know, right? I've got to do what I want while I can.

A : 啊~还有半年就毕业了。4月开始就正式步入社会了。

B : 真的诶。得趁现在把想做的事做了。

A : 아~ 반 년 뒤면 졸업. 4월부터 사회인이구나.

B : 그러게. 그때까지 하고 싶은 거 해 둬야지.

2
A : Um…excuse me. I am going back to my country, so would you let me take two weeks off from my part-time job?

B : Oh no, that's a problem. You should have told me sooner...

A : 那个，不好意思打扰一下，我明天要回国，打工能不能请2周的假呀?

B : 诶? 这可怎么办。你怎么不早点跟我说呢……

A : 저기 죄송한데, 내일부터 귀국해야 해서 알바를 2주 동안 쉴 수 있을까요?

B : 뭐? 그건 곤란한데. 그런 건 좀 더 일찍 말해 줘야지.

3
A : Clothing is burnable trash. Aluminum foil is unburnable.

B : Oh my god, separating trash in Japan is really complicated.

A : 衣服是可燃垃圾，锡箔纸是不可燃垃圾哦!

B : 啊~日本的垃圾分类真复杂。

A : 옷은 타는 쓰레기. 호일은 안 타는 쓰레기야.

B : 아~ 일본 분리수거는 너무 복잡해!

4
A : I end up drinking a lot of red wine as they say it is good for your health.

B : But too much drinking may not be good, right?

A : 听说红酒喝了对身体好，但是总是一不小心就会贪杯。

B : 喝多了对身体不好吧?

A : 레드와인이 몸에 좋다고 하니까 저도 모르게 많이 마시게 돼요.

B : 그래도 과음은 안 좋지 않을까요?

5
A : Good luck with the match! We are all going along to cheer you.

B : Thank you very much. I will do my absolute best!

A : 比赛加油哦! 我们都会去帮你助威的!

B : 谢谢，我会尽全力的!

A : 시합 잘하세요! 우리가 응원하러 갈게요.

B : 고맙습니다. 최선을 다하겠습니다!

6
A : Should I go or not to the party tomorrow. What shall I do?

B : You already said you'd go, right? If that's the case, you have to.

A : 要不要去明天的酒会啊，怎么办呀?

B : 你不是都说了会去的吗? 那就只能去了啊。

A : 내일 술자리에 갈까 말까, 어쩌지.

B : 벌써 간다고 말했잖아. 그럼 가야지.

(At the Place You Work (Part-Time Job))

((在打工的地方))

(아르바이트 가게에서)

7
A : Are you OK with Saturday and Sunday shifts also?

B : I am sorry. Saturday will not work. But Sunday should be fine.

A : 给你排双休日的班可以吗?

B : 对不起，我星期六有点不方便。不过星期天的话我可以。

A : 주말 근무도 괜찮으세요?

B : 죄송한데 토요일은 좀…. 일요일은 가능합니다.

8
A : Where is the brand Gucci from?

B : It's an Italian brand. I thought you knew, so I'm surprised you didn't.

A : 古驰是哪里的品牌啊?

B : 是意大利的品牌。我还以为你挺懂这些的，你居然不知道。

A : 구찌가 어느 나라 명품이지?

B : 이탈리아 명품이야. 알고 있을 것 같은데 의외로 모르는구나.

9
A : Oh no…I was going to eat it later… who ate my cake?

B : Oh, sorry. I thought it would be OK to eat it.

A : 啊，我还想过会儿再吃的……谁把我蛋糕吃了?

B : 啊，对不起。我还以为是可以吃的。

A : 아~ 나중에 먹으려고 했는데…. 내 케이크 먹은 거 누구야?

B : 아, 미안. 먹어도 되는 건 줄 알았어.

10
A : Have you decided what to order?

B : Ah, well, we'll start off with beer.

A : 您想好点什么了吗?

B : 我想想，总之先来个啤酒吧。

A : 주문하시겠어요?

B : 어디 보자…. 그럼 일단 맥주(주세요).

1 A：あ、このリモコンこわれてる。

🅒 B：こわれてるじゃなくて、こわしたんでしょ？

2 A：来月、結婚することになりました。
らいげつ　けっこん

　　B：え、本当？　それはおめでとうございます。
ほんとう

3 A：どうぞ、たくさん召し上がってくださいね。
め　あ

🅕 B：ありがとうございます。遠慮なくいただきます。
えんりょ

4 A：こちらのシュークリーム、保冷剤をおつけしますか？
ほれいざい

🅕 B：あ、お願いします。
ねが

5 A：見て、この時計、500万円だって！
み　　とけい　ごひゃくまんえん

🅒 B：うん、ロレックスだし、ダイヤもついているからね。

6 A：もしもし、俺だけど、今何してる？
おれ　いまなに

🅒 B：ん？　寝ようとしてたとこだけど…何？
ね　　　　　　　なに

7 A：ホワイトボード、消しましょうか？
け

　　B：あ、いいですよ、そのままで。後で消しますから。
あと　け

8 A：どうしたの？　勉強に集中できてないようだけど。
べんきょう　しゅうちゅう

🅓 B：はい、ちょっと気になることがありまして。
き

9 A：ごめーん。待った？
ま

🅒 B：遅いよー！　映画、もう始まっちゃうよ！
おそ　　えいが　　はじ

10 A：ヘアドライヤーなら、今これが一番のおすすめです！
いま　　いちばん

　　B：そうですか。ちょっと試してみてもいいですか？
ため

1 A : Um, this remote control is bro-ken.

B : Not so much is broken, you broke it, didn't you?

A : 啊，这个遥控器坏了。

B : 我看不是坏了，是被你弄坏了吧？

A : 어, 이 리모컨 망가졌네.

B : 망가진 게 아니라 망가트렸지?

2 A : I am going to get married next month.

B : What, really? Congratulations!

A : 我下个月要结婚了。

B : 诶？真的吗？那可真是恭喜你啊！

A : 다음 달에 결혼하기로 했어요.

B : 진짜? 너무 축하드려요.

3 A : Please have as much as you like.

B : Thank you very much. I will not stand on ceremony then.

A : 来，多吃点。

B : 谢谢，那我就不客气了。

A : 많이 드세요.

B : 고맙습니다. 감사히 잘 먹겠습니다.

4 A : Would you like some ice packs for these puff creams?

B : Oh, yes please.

A : 这个泡芙需要放冰袋吗？

B : 哦，放吧。

A : 슈크림에 아이스팩같이 넣어드릴까요?

B : 네, 넣어주세요.

5 A : Look, this watch, it costs 5 million yen!

B : Yeah, it's a Rolex and it has diamonds, too.

A : 你看，这个表要500万日元诶！

B : 嗯，毕竟是劳力士的，还带钻。

A : 봐 봐. 이 시계 500만 엔이래!

B : 어, 롤렉스고 다이아몬드도 박혀있으니까.

6 A : Hello, it's me, what are you doing now?

B : Well? I was about to go to bed, but what is it?

A : 喂？是我，你在干什么呢？

B : 嗯？刚准备睡觉，怎么了？

A : 여보세요, 나야. 지금 뭐 해?

B : 응? 자려는 중인데…왜?

7 A : Shall I erase the whiteboard?

B : Oh, no, leave it as-is please. I will erase it later.

A : 我把白板擦了吧？

B : 啊，不用，就这样放着好了，我之后会擦的。

A : 화이트보드 지울까요?

B : 괜찮아요, 놔둬도. 나중에 지울 거라서요.

8 A : What's the matter? You seem like you can't concentrate on studying.

B : Yes, something is bugging me a little...

A : 怎么了？感觉你好像心思集中不到学习上啊。

B : 是啊，就是有点事情挂在心上……

A : 무슨 일이니? 공부에 집중을 못 하는 것 같은데.

B : 네, 좀 신경 쓰이는 일이 있어서요….

9 A : Sorry! Were you waiting long?

B : You are late! The movie is about to start!

A : 抱歉，等很久了吗？

B : 你也来得太晚了吧！电影都要开始了！

A : 미안, 기다렸어?

B : 왜 이렇게 늦었어! 영화 시작해버리잖아!

10 A : If you want a hair dryer, this is what we recommend now!

B : Is that so? May I try it a little?

A : 现在最推荐的吹风机，就是这一款啦！

B : 这样啊？我可以试试吗？

A : 드라이기라면 지금 이게 제일 추천상품입니다.

B : 그렇군요. 한 번 해 봐도 될까요?

section 8

🔊 28

1 A : ランチ、何にする?

Ⓒ B : そうだなー、ラーメンは?

A : またラーメン? ちょっとマンネリ⑲じゃない?

B : じゃー、何がいい?

2 A : 山田さんって、いつもタイミングがいいよね。

Ⓒ B : うん、何かおいしいものを食べようとすると、いつも来るよね。

A : 本当だね。

B : どこかで見てるのかなって思うくらいだよね。

3 A : ねー、来週のプレゼン、準備してある?

Ⓓ B : あ、すみません。これからするところです。

A : あ、そう。ちゃんとしといてね。

B : はい、了解です。

(歯科医院で)

4 A : 痛み止めを出しておきますから、後で飲んでください。

B : 先生、今飲んでもいいですか? 麻酔が切れるのこわいんです。

A : いいですよ。じゃ、これ一錠飲んでください。

B : ありがとうございます。

(区役所で)

5 A : すみません。

B : はい。

A : 転出の手続きをしたいんですけど…。

B : はい、ではそちらの転出届の用紙に記入してください。

6 A : ねー、僕、何だか山田さんに嫌われてるみたいなんだ。

Ⓒ B : え、どうして?

A : 最近、全然話してくれないし、あいさつもしてくれないし…。

B : なんか怒らせるようなことでも言ったんじゃない?

1

A : What do you want for lunch?

B : Let's see…what about ramen?

A : Ramen again? Isn't it getting old?

B : Well, what do you want then?

A：中饭吃什么?

B：吃什么呢，拉面怎么样?

A：又吃拉面? 是不是太没新意了?

B：那你说，吃什么?

A : 점심 뭐 먹을까?

B : 글쎄~ 라면은?

A : 또 라면? 좀 지겹지 않아?

B : 그럼 뭐가 좋아?

2

A : Mr/s. Yamada is impeccable with his/her timing.

B : Yes, every time we are about to eat something tasty, s/he appears, right?

A : That's true, isn't it.

B : It is as if s/he is watching us from somewhere.

A：山田每次来都很会挑时候啊。

B：嗯，只要有什么好吃的，他（她）马上就会过来。

A：还真是。

B：简直让人怀疑他（她）是不是在哪里看着呐?

A : 야마다 상은 항상 타이밍이 좋아.

B : 응. 뭐 먹으려고 할 때 항상 오더라.

A : 맞아.

B : 어디서 보고 있는 게 아닐까 싶을 정도야.

3

A : Hey, have you done your prep for the next week?

B : Oh, I am sorry. I am about to do it now.

A : Oh, OK. Make sure to do it, then.

B : Sure, got it.

A：欸，你明天的发表准备好了吗?

B：啊，抱歉。刚打算去准备。

A：哦，这样。好好准备啊!

B：好的，明白了。

A : 저기 말이야, 다음주 업무발표 준비 다 됐어?

B : 아, 죄송합니다. 지금 하려던 참이에요.

A : 그래? 제대로 잘 해 줘.

B : 네, 알겠습니다.

(At the Dental Clinic)

4

A : I will give you some painkillers, so take them later.

B : Doctor, can I take them now? I am afraid the anesthesia is wearing off.

A : Fine. Then, take one of these please.

B : Thank you very much.

(在牙科医院)

A：我先帮你开一点止痛药，你待会儿先吃一点。

B：医生，我能现在就吃吗? 我怕一会儿麻醉药的药效过了。

A：可以啊。那你先吃一片吧。

B：谢谢。

(치과에서)

A : 진통제를 처방해 드릴 테니까, 나중에 드세요.

B : 선생님, 지금 먹어도 될까요? 마취가 풀리는 게 무서워서요.

A : 그러세요. 그럼 지금 한 알 드세요.

B : 고맙습니다.

(At the Ward Office)

5

A : Excuse me.

B : Yes.

A : I would like to start the process for moving out of town.

B : OK, then fill in the moving-out form.

(在区役所)

A：不好意思请问一下。

B：您好。

A：我想办一下户籍转出的手续。

B：好的，请在这里填一下户籍转出申请。

(구청에서)

A : 저기요.

B : 네.

A : 전출신고를 하려고 하는데요.

B : 네, 그럼 여기 전출 신고서를 작성해 주세요.

6

A : You know, it seems like Mr/s. Yamada dislikes me.

B : What, why?

A : Because s/he doesn't talk to me, and doesn't even greet me.

B : Isn't it the case that you said something to make him/her angry, no?

A：我问你啊，我是不是被山田讨厌了?

B：诶? 为什么这么说?

A：他（她）最近完全不跟我说话，跟他（她）打招呼也不搭理我……

B：是你说了什么惹他（她）生气的话了吧?

A : 야, 야마다 상이 나 싫어하나 봐.

B : 뭐? 왜?

A : 요즘 말도 안 하고 인사도 안 해줘…

B : 뭐 열받는 말 한 거 아냐?

1　A：ねー、IOCって知ってる？

　Ⓒ　B：知ってるよ。国際オリンピック委員会のことでしょ？

　　A：ピンポーン⑳！　じゃ、JOCは？

　　B：JOCは日本オリンピック委員会。それぐらい誰でも知ってるよ。

（ピアノコンクールで）

2　A：この度は、最優秀賞受賞おめでとうございます。

　Ⓕ　B：ありがとうございます。大変光栄です。

　　A：今回は5回目の挑戦だそうですが、ついに努力が実りましたね。

　　B：はい。コツコツやって㉑きて本当に良かったです。

3　A：ねー、来週、空いている日ある？

　Ⓒ　B：来週かー、来週は学期末だからテストテストで大変だよ。

　　A：じゃ、再来週は？　例の㉒スーパー銭湯㉓のクーポン券があるんだ。

　　B：本当？　行く行く！　再来週だったらいつでもオーケーだよ。

4　A：先生、このテスト、答えが合っているのにバツなんですけど…。

　　B：え、そうですか？　ちょっと見せてください。何番ですか？

　　A：問題2の3番です。正解は「ア」でいいんですよね？

　　B：はい、「ア」でいいですよ。え、これは「ア」？　ごめんなさい、「イ」

　　　に見えました。今、訂正しますね。

5　A：店長、すみません。来週のシフトの変更をお願いしてもいいですか？

　Ⓓ　B：シフトの変更ね…、来週のいつ？

　　A：9日の土曜日を7日の木曜日に変えていただきたいんです。

　　B：代わってくれる人はいるの？　週末に穴を開けられる㉔と困るからね。

1

A : Hey, You know the IOC?

B : Yes, I do. It's the International Olympic Committee, right?

A : Bingo! Then, what about the JOC?

B : The JOC is the Japan Olympic Committee. Everybody knows that.

A：你知道IOC吗？

B：知道呀。国际奥委会嘛。

A：答对啦！那，JOC呢？

B：JOC是日本奥委会。这没人不知道吧。

A : 저기, IOC가 뭔지 알아?

B : 알지. 국제 올림픽 위원회잖아.

A : 딩동댕! 그럼 JOC는?

B : JOC는 일본 올림픽 위원회. 그 정도는 누구나 알지.

(At a Piano Competition)

2

A : Congratulations on receiving the highest award this time.

B : Thank you very much. I am very honored.

A : So this is the 5th challenge you took on, but your efforts finally paid off.

B : Yes. I am truly glad that I kept working at it.

（在钢琴大赛上）

A：恭喜你这次夺魁。

B：谢谢。太荣幸了。

A：这次好像是你第5次挑战这个奖了吧？你的努力终于有结果了！

B：是的。一直坚持努力没有放弃，真是太好了。

(피아노 콩쿨에서)

A : 이번에 최우수상 수상을 축하드립니다.

B : 고맙습니다. 너무 영광입니다.

A : 이번이 다섯 번째 도전이라고 하셨는데 드디어 노력이 결실을 맺으셨네요.

B : 네, 꾸준히 해 오길 잘한 것 같습니다.

3

A : Hey, do you have a free day next week?

B : Next week? Next week is the end of the semester, so it will be a hard week packed with tests.

A : Well, what about the week after next? I have coupons for the super-spa I told you about.

B : Really? Lets go, I'm in! Anytime is OK if it's the week after next.

A：那个，你下周哪一天有空？

B：下周啊……下周期末了，除了考试还是考试，很忙。

A：那下下周呢？我拿到了那家大浴场的优惠券。

B：真的吗？去去去！下下周的话我能去！

A : 다음 주에 한가한 날 있어?

B : 다음 주라… 다음 주는 학기말이라서 시험 때문에 힘들어.

A : 그럼 다다음 주는? 그때 말한 스파센토 쿠폰이 있거든.

B : 진짜? 갈래! 다다음 주라면 아무 때나 괜찮아.

4

A : Professor, about this test, the correct answer received a cross mark…

B : Oh, is that right? Let me take a look. Which number is it?

A : It's number 3 of Question 2. The correct answer is "ア", isn't it?

B : Yes, "ア" is the correct answer. Uh, so is this "ア"? I am sorry, I read it as "イ." I will correct it now.

A：老师，这个测试，我答的对的却被打了个叉……

B：诶？这样吗？给我看看。哪一题？

A：问题2的第3小题。正确答案是选"ア"吧？

B：是的，选"ア"。诶？这个是"ア"？不好意思啊，看成"イ"了。现在帮你改过来。

A : 선생님, 이 시험 답이 맞는데 틀렸다고 되어있는데요….

B : 그래요? 좀 보여 주세요. 몇 번인가요?

A : 문제 2번의 3번이요. 정답이 ' ' 맞죠?

B : 네, ' ' 가 맞습니다. 응? 이게 ' '? ' '로 보였거든요. 바로 정정할게요.

5

A : Excuse me, sir. May I ask you to change my shift for next week?

B : Changing the shift…when next week?

A : Would you change the 9th Saturday to the 7th Thursday?

B : Is there anyone who can fill in for you? It will be problematic if there is no one to fill in for you on the weekend.

A：店长，不好意思。我下周可以换一下班吗？

B：换班啊……下周什么时候？

A：9号星期六的班我想换到7号星期四可以吗？

B：找到替班的人了吗？如果周末的班轮空的话会很麻烦啊。

A : 점장님, 죄송한데 다음 주 근무시간 변경 부탁드려도 될까요?

B : 근무시간 변경이라면…다음 주 언제?

A : 9일 토요일을 7일 목요일로 바꾸고 싶어서요.

B : 대타 뛰어줄 사람은 있어? 주말에 펑크내면 우리도 곤란하니까.

1 A : あのー、プレゼント用の花束が欲しいんですけど…。

F B : はい、プレゼント用ですね。お花は何になさいますか？

 A : 花のことよくわからないので、適当に作ってもらえますか？

 B : かしこまりました。ご予算はどのくらいでしょう。

2 A : 先生、内定㉕もらいました。

D B : わー、良かったね。おめでとう！

 A : ありがとうございます。でも、条件がちょっと…。

 B : え？　でも、一番入りたがってた会社でしょう？　よく考えてね。

3 A : ご注文はお決まりですか？

F B : はい。このヒレカツ定食、一つお願いします。ライス大盛りで。

 A : はい。ヒレカツ定食、おーつ。ライス大盛りですね。

 B : あ、キャベツも多めでお願いします。辛子はいりません。

（美術展の会場で）

4 A : あ、これじゃない？　アンさんの作品。

C B : 本当だ。タイトルは「微笑み」と「希望」だって。

 A : すごいね。二つも出品してる。

 B : うん、頑張ってるね。前の作品より色が明るくなったし、何かいいこと
  あったのかな。

5 A : （ピンポン）あのー、下の階の佐藤ですけど…。

F B : はい、お待ちください。（カチャ）あ、佐藤さん、こんにちは。

 A : こんにちは。あのー、上から泥水が飛んできて、うちの洗濯物にかかった
  んですけど…。ベランダのお掃除してましたか？

 B : わ〜！　ご迷惑かけて申し訳ありません！　今すぐベランダを拭いて、後
  でお詫びにうかがいます㉖。

1

A : Excuse me, I'd like a bouquet of flowers for a present…

B : Sure, for the present. Which flowers would you like.

A : I don't know much about flowers, so would you make one for me?

B : Certainly. What is your budget?

2

A : Professor, I received an unofficial job offer.

B : Wow, great! Congratulations!

A : Thank you very much. But the terms of conditions are a little…

B : Yes? But that is the company you were most keen to work for? Think well.

3

A : Have you decided your order?

B : Yes. This pork cutlet, I'd like to have one please. With a large portion of rice.

A : Sure. One pork cutlet. With a large portion of rice, right?

B : Oh, give a large portion of cabbage as well. Without mustard, please.

(At an Art Exhibition)

4

A : Hey, isn't this it? Ann's work?

B : Yes, that's right. The title says "Smile" and "Hope."

A : Amazing. She has two entries.

B : Yeah, she's doing well. The color of her work is brighter than the previous one, I wonder if something happened that makes her happy.

5

A : (Ding-Dong…door bell) Excuse me, I am Sato from the floor below you…

B : Yes, please wait a moment. (Click to open the door) Oh, hello Mr. Sato.

A : Hello. Hmmm…some muddy water from the floor above me splashed all over my laundry… Have you been cleaning your veranda?

B : Oh no! I am so sorry to have caused you trouble! I will dry off my veranda right now and come and apologize to you later.

A：那个，我想买一束花送人。

B：好的，送人的是吗？要什么花呢？

A：花的话我不是很懂，你看着帮我包一束吧。

B：好的。预算大概是多少呢？

A：老师，我拿到内定了！

B：哇，太好了！恭喜！

A：谢谢。但是那个条件有点……

B：诶？那不是你最想进的公司吗？要慎重考虑啊。

A：您想好点什么了吗？

B：嗯。麻烦给我来一个炸猪排套餐。米饭要大份的。

A：好的。一份炸猪排套餐，大份米饭。

B：对了，包心菜放多一点，不要辣椒。

（在美术展的会场里）

A：啊，是这个吧？安的作品。

B：真的诶！标题是《微笑》和《希望》呢！

A：厉害啊。居然有两幅作品参展。

B：嗯，她真的是很努力呢。上色也比以前的作品更明亮了，是遇到什么好事了吗？

A：(门铃声) 那个，我是住在楼下的佐藤……

B：来了，稍等。(开门声) 啊，佐藤先生(小姐)，你好。

A：你好。那个，我晾着衣服，被上面滴下来的脏水溅到了……使您在打扫阳台吗？

B：哎呀！真是抱歉，给您添麻烦了！我现在马上去把阳台擦干净。稍后就上门去找您正式赔礼道歉。

A：저기요. 선물용으로 꽃다발이 필요한데요….

B：네, 선물용으로요. 꽃은 어떤 걸로 하시겠어요?

A：꽃은 잘 몰라서요. 적당한 걸로 만들어 주시겠어요?

B：알겠습니다. 예산은 어느 정도이신가요?

A：선생님. 내정 받았습니다.

B：와~ 잘 됐네요! 축하해요!

A：고맙습니다. 근데 조건이 좀….

B：그래? 그래도 제일 들어가고 싶었던 회사니? 잘 생각해 봐.

A：주문은 어떻게 하시겠습니까?

B：안심 돈가스 정식 하나 주세요. 밥은 곱빼기로요.

A：네, 안심 돈가스 정식 하나. 밥은 곱빼기요.

B：네, 양배추도 많이 주세요. 겨자는 필요 없어요.

(미술 전시회장에서)

A：아, 이거 아냐? 안 상 작품.

B：그러네. 제목이 '미소'와 '희망'이래.

A：멋있다. 두 개나 출품했잖아.

B：열심히 잘 하고 있네. 전에 작품보다 색도 밝고, 무슨 좋은 일이 있었나.

A：(딩동) 저기, 아래층에 사는 사토라고 합니다….

B：어머, 잠시만요. (문을 열며) 사토 상 안녕하세요.

A：안녕하세요. 저기…위에서 흙탕물이 튀어서 우리 집 빨래에 떨어졌는데요. 베란다 청소 중이세요?

B：어머, 정말 죄송해요. 지금 바로 베란다 청소하고, 이따가 사과하러 갈게요.

① しといた

「しといた」は「しておいた」のカジュアルな言い方です。	"しといた" is a casual way of saying "しておいた."	"しといた"是"しておいた(事先做好某事)"的较为随意的说法。	"しといた"는 "しておいた"보다 가벼운 말투입니다.

② ぴったり

くつのサイズと形が足に完全に合っていて、ちょうどいいという意味です。	It means the size of the shoes perfectly fits the feet, just right.	这里是鞋子合脚，尺码刚刚好的意思。	신발 사이즈와 모양이 완전히 맞아서 적당하다는 뜻입니다.

③ 僕（ぼく）

男性の自称で、子どもから大人まで一般的に使われています。	Males use this to refer to themselves, and it is generally used for children to adults.	男性的自称。从小男孩到成年男性均可使用。	남성이 자신을 칭할 때 쓰는 표현으로, 아이에서 어른까지 일반적으로 쓰입니다.

④ デパ地下（ち か）

デパートの地階の意味です。一般的に日本のデパートの地階は食品売り場になっています。	This means the basement of the department store. In general, food is sold in the basement of Japanese department stores.	指百货店的地下层。一般日本百货店的地下层多用作食品销售。	백화점 지하라는 뜻입니다. 일반적으로 일본 백화점 지하에는 식품관이 있습니다.

⑤ 炭水化物（たんすい か ぶつ）

ご飯、パスタ、パンなどに含まれ、エネルギーの元になる栄養素です。	A nutrient that is contained in rice, pasta and bread and is a source of energy.	在米饭，意大利面，面包等中存在的一种构成人体能量基础所需的营养素。	밥, 파스타, 빵 등에 포함되어 에너지를 제공하는 영양소입니다.

⑥ すらすら

途中で止まったり、間違えたりしないで上手に話す様子を表す擬態語です。	An onomatopoeia that describes the way a person speaks skillfully, without halting in the middle or making mistakes.	拟态词。表示说话流畅没有口误的样子。	중간에 멈추거나 틀리지 않고 유창하게 말하는 모습을 나타내는 의태어입니다.

⑦ 一口ちょうだい（ひとくち）

「一口」は「少し」の意味で、「ちょうだい」は「ください」のカジュアルな言い方です。	"一口 (one bite)" means "a little", and "ちょうだい" is a casual form of "ください."	"一口"是少许的意思。"ちょうだい"是"ください"的相对随意一些的说法。	"一口"은 '조금'이라는 뜻이고 "ちょうだい"는 "ください"의 가벼운 말투입니다.

⑧ 一枚（いちまい）

「枚」は紙・板・皿など薄くて平たい物の数え方です。	"枚" is a counter for thin, flat objects such as paper, board, plates, etc.	"枚"是量词，用于计数：纸、板、盘子等扁平的物品。	"枚"은 종이, 판, 접시 등 얇고 넓은 것을 셀 때 씁니다.

⑨ おめでた

「妊娠」を表す表現です。

An expression that means pregnant/pregnancy.

即"妊娠(怀孕)"的意思。

'임신'을 뜻하는 표현입니다.

⑩ ご飯でも

「ご飯(＝お米)」そのものを指しているのではなく、「食事」全般を表します。「食事でも一緒にどうですか」と誘うときの表現です。

"ご飯" doesn't mean rice per se, but refers to "食事(meals)" in general. It is used in the expression for an invitation, as in "how about having a meal together?"

这里的"ご飯"并不是单指白米饭，而是指代整顿"食事(餐食；饭)"。例如在邀请他人一起去吃饭时，可以说"食事でも一緒にどうですか(一起去吃个饭吗？)"。

"ご飯"은 '밥' 뿐만이 아닌 '식사'와 관련된 것을 모두 포함합니다. "お食事でも一緒にどうですか"라는 초대할 때 쓰는 표현입니다.

⑪ おかげさまで

相手への感謝を表す表現で、「おかげさまで元気です」「おかげさまで良くなりました」のように言います。

An expression to show appreciation to someone; it is used in phrases like "おかげさまで元気です" or "おかげさまで良くなりました."

用于表达对对方的感谢。例如："おかげさまで元気です(托您的福，我很好)"。或者"おかげさまで良くなりました(托您的福，我好多了)"。

상대방에게 감사를 표현하는 말로 "おかげさまで元気です (덕분에 잘 지냅니다)" "おかげさまで良くなりました (덕분에 좋아졌습니다)" 라고 합니다.

⑫ ～じゃん

同意や確認を求めるのに使うカジュアルな表現です。関東を中心に広く使われています。

A casual expression used when seeking agreement or confirmation. It is used widely, especially around the Kanto region.

是在征求他人同意或确认时所使用的较为日常随意的说法。多为关东及其附近的地区人群所使用。

동의나 확인을 구할 때 쓰는 가벼운 표현입니다. 도쿄를 비롯해 간토 지방을 중심으로 자주 쓰입니다.

⑬ ぼったくり

法外なお金を要求されたことを表す表現です。

An expression used when someone was made to pay through the nose.

即要求支付过多的钱，宰客。

정해진 값보다 비싼 돈을 요구할 때 쓰는 표현입니다.

⑭ またまた～

ほめられた時に使うカジュアルな答え方です。相手に対して「ほめすぎだ」という気持ちを表します。

A casual way to respond when receiving a compliment. It implies that one feels too much flattery is given to him/her.

在受到他人夸赞时，用于回复。是一种较为日常随意的说法。

칭찬받았을 때 쓰는 가벼운 대답입니다. 상대방의 칭찬에 대해 겸손한 마음을 나타냅니다.

⑮ チクチク

セーターの毛糸が肌に刺さって痛む様子を表す擬態語です。

An onomatopoeia that describes the way the yarn of a sweater prickles and irritates the skin.

拟态词。此处表示毛衣扎人，会刺痛皮肤。

스웨터의 털실이 피부에 닿아서 아픈 느낌을 나타내는 의태어입니다.

⑯ ゴミの分別

ゴミを出す時に、ゴミの種類を分けることです。燃えるゴミと燃えないゴミ、リサイクル、粗大ゴミなど、出す曜日は地域ごとに決まっています。

It means to sort out the trash when putting it out. Burnables, unburnables, recyclables, large trash, etc. There are designated days of the week for disposing of them, which are specific to each region.

指丢垃圾时要将垃圾分类。可燃，不可燃，可回收，大型垃圾等，其每周可丢弃的时间在各个地区都有规定。

타는 쓰레기, 안 타는 쓰레기, 재활용, 대형 쓰레기 등, 분리수거 방법과 날짜는 지역에 따라 다릅니다.

⑰ とりあえずビール

料理を注文する前に、まずはビールを注文しようという意味です。

This means "let's order beer first" before one orders the meal.

即在点菜之前，"总之先来杯啤酒"的意思。

음식을 주문하기 전에 '먼저 맥주를 주문하자'라는 의미입니다.

⑱ 俺
おれ

男性の自称で、友だちや親しい関係の人に対して使います。

One way males refer to themselves and it is used when talking to friends and/or close.

男性的自称。在与朋友或关系亲近的人讲话时可用。

남성이 자신을 칭할 때 쓰는 표현으로, 친구나 가까운 관계에서 씁니다.

⑲ マンネリ

「マンネリズム (mannerism)」の略で、ここでは新しさがないという意味です。

From mannerism, it means a tedious routine which is lacking anything new.

"マンネリズム"的略称。这里指没有新意的意思。

매너리즘의 줄임말로 여기에서는 새로움이 없다는 의미입니다.

⑳ ピンポーン

クイズなどで正しい答えを言った時に出題した人が言う擬音語です。正解という意味です。

An onomatopoeia used by the presenter of a quiz when the correct answer is given. It means, "correct answer."

答题者答对问题时，出题者宣布回答正确时模仿效发出的拟声词。

퀴즈 등에서 정답을 맞혔을 때 출제자가 하는 의성어. '정답'이라는 뜻입니다.

㉑ コツコツやる

「コツコツ」は真面目に続けるという意味の擬態語です。真面目にやり続けるという意味です。

"コツコツ" is an onomatopoeia that means to continue something diligently. It means "continue something diligently."

"コツコツ"是的拟态词。表示"埋头苦干，坚持持续地努力"的样子。即"认真坚持"的意思。

"コツコツ"는 성실하게 계속한다는 뜻의 의태어입니다.

㉒ 例の
れい

話す人と聞く人の両方が知っていることやものを指すときの言い方です。「あの」と同じ意味です。

An expression that refers to something known by both the speaker and the listener. It has the same meaning as "あの(that)."

指代某样对话双方都知道的东西时的说法。和 "あの(那个)" 是一个意思。

말하는 사람과 듣는 사람 둘 다 알고 있는 것을 가리킬 때 쓰는 표현입니다. "あの(그)"와 같은 뜻입니다.

㉓ スーパー銭湯
せんとう

公衆浴場と娯楽スペースが一緒になった施設で、入浴や食事やカラオケなどができます。

It is a facility that combines a public bathhouse and entertainments, and one can take a bath, dine and sing karaoke, etc.

兼备公共浴场和娱乐场所的设施。在里面可以泡澡、吃饭、唱歌等。

대중목욕탕과 오락시설이 합쳐진 시설로, 목욕, 식사, 노래방 등을 이용할 수 있습니다.

㉔ 穴を開ける
あな　あ

「穴を開ける」は、アルバイトなどで当番やシフトなどを担当している人が担当の日や時間に休み、他に担当する人がいないという意味です。

"穴を開ける (make a hole)" refers to when a person who is assigned to work or do shift for a part-time job, etc., takes a day or time off on the days s/he works and there is no one to cover for it.

"穴を開ける" 在这里指打工的当值工作人员等，在排了班的当天或时间段请假，却没有人替班。

"穴を開ける(구멍이 나다)"는 아르바이트 등에서 해당 아르바이트생이 쉬는데 대신할 사람이 없다는 뜻입니다.

㉕ 内定
ないてい

正式には決まっていないが、関係者 (身内) の間では決まっていること。社員の採用などで使う言い方。

Means a decisions has not been decided formally, but the matter is decided among the related parties (within organization). The expression is used about employment within a company.

在录用新员工时用到的说法。虽然尚未正式录用，但是已由内部人员决定录用的意思。

정식으로 정해지지 않았으나 관계자들 사이에서는 정해졌다는 뜻입니다. 사원 채용 등에 쓰는 표현입니다.

㉖ お詫びにうかがいます
わ

「お詫び」は謝ることです。その場で謝るだけでなく、後で品物などを持って謝りに行くことです。

"お詫び" is to apologize. This refers not only to an apology given on the spot but also to bringing a gift of goods to apologize afterwards.

"お詫び" 是道歉的意思。指的不只是当场口头道歉，还包括在事后带着礼物前去赔礼道歉。

"お詫び" 는 사과한다는 것을 말합니다. 그 자리에서 바로 사과하는 것 뿐만이 아니라, 나중에 사과의 마음을 담은 상품 등을 가지고 사과하러 가는 것을 뜻합니다.

ネットやテレビを使ってシャドーイング

Shadowing with the Internet and/or Television

利用网络和电视节目进行影子跟读 / 인터넷이나 티비를 이용한 섀도잉

ネットやテレビなど、いろいろなメディアを使って、どこでも簡単にシャドーイングの練習をしてみましょう。自分の好きなアニメやお気に入りの動画などを見ながら、楽しくシャドーイングの練習ができれば一石二鳥ですね。YouTubeだったら、画面設定を字幕オンにすれば、日本語字幕が付けられます。まず字幕を見ながら、内容を理解してみましょう。その後に、音声だけでシャドーイングしてみると効果的です。YouTubeの他にも、シャドーイングの練習ができるWebコンテンツがたくさんあります。例えば「エリンが挑戦！日本語できます」（国際交流基金、https://www.erin.jpf.go.jp）のように、スクリプトや動画があるものを選べば、より練習しやすくなるでしょう。好きなメディアを使って、生きた日本語を勉強しながらシャドーイングの練習をしてみましょう。

Practice shadowing anywhere using various media, such as the Internet or TV. You can kill two birds with one stone if you can have fun with shadowing practice while watching anime or your favorite video. If you are watching YouTube, you can turn on the subtitles in the setting and have Japanese subtitles. First, look at the subtitles and try to understand the content. Then use just the audio for shadowing. This is effective. There is a lot of web content other than YouTube you can use to practice shadowing. For example, if you choose something that has scripts or video, like "Erin's Challenge!-- I Can Speak Japanese" (Japan Foundation, https://www.erin.jpf.go.jp) it will be easier to practice. Try using the media you prefer, and practice shadowing while studying real-life Japanese.

通过网络和电视等媒体，随时随地都能进行简单地影子跟读。可以在观看自己喜爱的动漫等视频的同时进行练习。既开心又能得到训练，可谓是一石二鸟。YouTube 的话，打开画面设定中的字幕，即可添加日语字幕。比较有效的练习方法是：首先，看着字幕，试着理解内容，然后脱离字幕，仅依靠声音来进行影子跟读。除了 YouTube，还有很多网站也可以用来练习。例如在「エリンが挑戦！日本語できます」（国际交流基金：https://www.erin.jpf.go.jp）的网站上，可以选择脚本或动画等，更加方便练习。借助自己喜欢的媒体,在学习"鲜活的日语"的同时，一起来练习影子跟读吧！

인터넷, 티비 등 각종 미디어를 이용해 어디에서나 쉽게 섀도잉을 연습해 봅시다. 자신이 좋아하는 애니메이션이나 동영상을 보면서 즐겁게 연습할 수 있으면 일석이조겠죠. 유튜브에서는 화면설정에서 자막을 켜면 일본어 자막이 나옵니다. 먼저 자막을 보면서 내용을 이해해 봅시다. 그 후에 자막을 끄고 섀도잉을 하면 효과적입니다. 그 외에도 섀도잉 연습을 할 수 있는 컨텐츠가 많이 있습니다. 예를 들면 "エリンが挑戦！日本語できます (에린이 도전! 일본어를 할 수 있다)"（국제교류기금、https://www.erin.jpf.go.jp) 같은 지문과 동영상이 있는 자료라면 연습하기 쉽겠죠. 좋아하는 미디어를 이용해 살아있는 일본어를 공부하면서 섀도잉을 연습해 봅시다.

Unit
4

少し長めの会話をシャドーイングしましょう。
また、自分の気持ちや様子を表す言い方にも
チャレンジしましょう。

Practice your shadowing with a little longer conversations in this unit. Also, try some expressions to show your feelings.

本单元将通过一些较长的对话来进行影子跟读的练习。
此外也可挑战学习一些用于表述自己心情和状态的说法。

이번 유닛에서는 조금 긴 대화를 섀도잉 해 봅시다. 그리고 자신의 기분이나 상태를 표현하는 것에도 도전해 봅시다.

レベル 4	初級 Beginner 初学者　초급		初中級 Pre-intermediate 初学者–中级　초중급		中級 Intermediate 中级　중급
◎ 尊敬語 / 謙譲語		Honorific/Humble expressions	尊敬/自谦语	존경어/겸양어	～だって
◎ 擬音語 / 擬態語		Onomatopoeia	拟声/拟态词	의성어/의태어	～っぽい
◎ ことわざ		Proverbs	俗语	속담	～もん
◎ 慣用句		Idioms	慣用句	관용구	～とは限らない
					～きり
					～かけ
					～だからって
					～っけ
					～がっている
					etc

97

section 1

1 A：新しく始まるドラマ、面白そうだよ。
C B：うん。アクションシーンが見どころみたいだね。

2 A：ネット①で本棚買ったんですけど、自分で組み立てられるか心配で…。
B：説明書がついてるんですよね？　大丈夫ですよ。

3 A：あー、今日は雨が降りそうですね。
D B：うん、傘持って行ったほうが良さそうだよ。

4 A：すみません、宿題を家に忘れてしまいました。
B：そうですか、じゃ、明日、必ず出してくださいね。

5 A：あー、また怒らせちゃった。あんなこと言うつもりじゃなかったのに…。
C B：口は災いの元②だよ。

6 A：今、私、駅に着きましたが、課長、どちらですか？
D B：あ、向かってる途中。10分くらいで着くよ。着いたら連絡する。

7 A：スマホのバッテリーが切れそう。
C B：モバイルバッテリー貸してあげるよ。

8 A：どうすれば手っ取り早く、お金が稼げるかな。
C B：そんなに簡単じゃないけど、ネットで起業はどう？

9 A：日本にいる間に、できるだけ旅行しようと思っています。
B：あー、それはいいですね。

10 A：思ったよりスムーズにいきましたね。
B：本当ですね。もっと時間がかかると思いましたが…。

1

A : That new drama that is starting looks interesting.

B : Yeah. It looks like the action scenes are the attraction.

A：最近刚开始演的电视剧好像挺有意思的。

B：嗯。好像动作戏是亮点。

A：새 드라마 재미있을 것 같아.

B：응. 액션신이 포인트인 것 같더라.

2

A : I bought a bookcase on the Net, but I'm worried about putting it together myself...

B : It comes with a manual doesn't it? It will be fine.

A：我在网上买了书架，但是不知道自己能不能组装起来。

B：有说明书的吧？没问题的。

A：인터넷에서 책장을 샀는데 조립할 수 있을지 걱정돼요….

B：설명서가 있는 거죠? 괜찮을 거예요.

3

A : Oh, it looks like it's going to rain today.

B : Yeah, it looks like it would be best to take an umbrella.

A：啊，今天看着好像要下雨啊。

B：嗯，还是带把伞比较好。

A：아~ 오늘은 비가 내릴 것 같네요.

B：응, 우산을 가지고 가는 게 좋을 것 같네.

4

A : I'm sorry, but I forgot my homework at home.

B : Is that right? Well, be sure to bring it tomorrow.

A：对不起，我把作业忘在家里了。

B：这样啊。那明天一定要交上来。

A：죄송한데 숙제를 집에 놔두고 왔어요.

B：그렇군요. 그럼 내일 반드시 제출해 주세요.

5

A : Ah, I made him/her mad again. I didn't mean to say such a thing.

B : Disasters start with one's mouth.

A：啊，又惹人家生气了。我本来没想那么说的……

B：你这可真是祸从口出啊。

A：아~ 내가 또 화나게 했네. 그런 말 하려고 한 게 아니었는데….

B：입은 재앙의 근원이야.

6

A : I've just arrived at the station; boss, where are you?

B : I'm headed there now. I'll be there in 10 minutes. I'll contact you when I arrive.

A：我现在到车站了，课长您在哪里？

B：我正在往那儿赶。再有10分钟就能到了。到了联系你。

A：지금 역에 도착했는데, 과장님은 어디세요?

B：아, 지금 가고 있는 중이야. 10분 뒤에 도착해. 도착하면 연락할게.

7

A : The battery of my smartphone is just about dead.

B : I'll lend you my portable battery charger.

A：手机快没电了。

B：我的充电宝借你用。

A：스마트폰 배터리가 방전될 것 같아.

B：보조 배터리 빌려줄게.

8

A : I wonder how I can get my hands on some money quickly.

B : It's not that simple, but what about starting a business online?

A：要怎么才能快速挣到钱啊？

B：虽然不容易，网络创业怎么样？

A：어떻게 하면 손쉽게 돈을 벌 수 있을까?

B：그렇게 간단하진 않겠지만 인터넷에서 창업하는 건 어때?

9

A : I want to travel as much as possible while I'm in Japan.

B : I see...that sounds good.

A：在日本期间，我想尽可能多出去旅旅游。

B：这个想法不错。

A：일본에 있는 동안에, 가능하면 여행하려고 생각하고 있어요.

B：아~ 그거 좋네요.

10

A : It went more smoothly than I expected.

B : Yes, it did, didn't it. I thought it would take more time, but...

A：比想象的要顺利诶。

B：还真是。还以为要再多花点时间呢……

A：생각보다 (일이) 술술 풀렸네요.

B：맞아요. 시간이 더 걸릴 줄 알았는데….

1 A：すみません。ちょっと手伝ってもらえませんか？

B：ええ、いいですよ。何をしましょうか。

2 A：すみません、会計はこちらでいいんですか？

Ⓕ B：はい。順番にお伺いしていますので、そちらにお並びいただけますか？

3 A：最近、何かはまってることある？

Ⓒ B：ヨガかな。おかげで体の調子がよくなったよ。

4 A：わー、このエアコン、5万円だって。安いよね。

Ⓒ B：うん、ちょっと型落ち③だけど、絶対これ買い④だよ。

5 A：明日の花火大会、台風の影響で中止なんだって。

Ⓒ B：あ、そう、残念。せっかく浴衣着ようと思ってたのに…。

6 A：お昼ご飯におにぎり2つだけ？ それで足りるの？

Ⓓ B：ぜんぜん。でも、お昼は軽くしてるんです。眠くならないように。

7 A：このLEDライト、百均⑤なんだよ。信じられる？

Ⓒ B：すごい、これ当たり⑥。100円とは思えない！

8 A：飲み会、来週の土曜に変更になったの、知ってる？

Ⓒ B：え～、そうなの～？ なーんだ、今週のバイト断ったんだけどな。

9 A：お客様、あちらのセルフレジもご利用になれますので…。

Ⓕ B：ありがとうございます。そうします。

10 A：あそこの大学、入試の倍率5倍なんだって。

Ⓒ B：まー、だめもと⑦でチャレンジしてみたら？

1

A : I'm sorry. Excuse me, would you mind giving me some help?

B : Yes, sure. What should I do?

A : 不好意思，能帮个忙吗?

B : 可以啊。要做什么?

A : 죄송한데 좀 도와주시겠어요?

B : 네. 뭘 할까요?

2

A : Can I pay here?

B : Yes. But could you please stand in line there so we can go in order?

A : 不好意思，结账是在这里吗?

B : 是的。我们会依次为各位结账的。麻烦您先在那边排一下队。

A : 저기요, 계산은 여기에서 하나요?

B : 네. 순서대로 도와 드리겠습니다. 이쪽에서 기다려 주시겠어요?

3

A : What are you into lately?

B : Yoga, I suppose. And thanks to it, my body is in good shape.

A : 最近有什么热衷的事吗?

B : 瑜伽吧。练了以后感觉身体状态都变好了。

A : 요즘에 빠져있는 거 있어?

B : 요가인 것 같아. 덕분에 몸 상태도 좋아졌거든.

4

A : Wow, this air conditioner is just 50,000 yen. That's cheap, isn't it?

B : Yeah, it's a bit of an old model, but it's definitely a great deal.

A : 哇，这个空调只要5万日元诶!好便宜啊。

B : 嗯，虽然是老款了，但是买了绝对划算。

A : 와~ 이 에어컨 5만 엔이래. 싸지?

B : 응, 이전 모델이긴 해도 이득이지.

5

A : The fireworks display tomorrow has been canceled due to the typhoon.

B : Oh, I see, rats. And I was all ready to wear a yukata...

A : 明天的烟火大会，因为台风的原因中止了。

B : 啊，这样啊，太可惜了。还以为终于有机会穿浴衣了呢……

A : 내일 불꽃놀이, 태풍의 영향으로 중지래.

B : 그래? 아쉽다. 유카타 입으려고 했는데….

6

A : Just 2 rice balls for lunch? Will that be enough?

B : Not at all. But I'm having a light lunch. So I don't get sleepy.

A : 中饭就吃两个饭团吗? 够吗?

B : 不够。不过我是故意中午少吃一点的。这样不容易犯困。

A : 삼각김밥 두 개가 점심이라고? 그걸로 충분해?

B : 전혀요. 근데 점심은 가볍게 먹어요. 졸리지 않게.

7

A : This LED light is from a 100-yen shop. Can you believe it?

B : Wow, what a bargain. I can't believe it's just 100 yen!?

A : 这个LED灯是百元店买的你信吗?

B : 哇，这可真是挖到宝了。完全不像是只要100日元的东西。

A : 이 LED 전등 100엔이래. 믿어져?

B : 대박인데? 100엔인 줄 모르겠어!

8

A : Did you hear the party was changed to next Saturday?

B : Oh, is that right? That stinks, I took time off my job for it this week.

A : 你知道酒会改到下周六了吗?

B : 诶? 这样吗? 什么嘛，亏我这个星期的打工还请假了。

A : 우리 술자리 다음 주 토요일로 변경된 거 알아?

B : 진짜? 뭐야, 이번 주 알바 거절했단 말이야.

9

A : Sir, you can also use the self-checkout over there.

B : Thank you very much. I'll use it.

A : 客人您好，那边的自助收银台也可以结账的。

B : 谢谢，我去那里吧。

A : 고객님, 저쪽에 있는 셀프계산대도 이용 가능합니다.

B : 고맙습니다. 그렇게 할게요.

10

A : Five times more people take the entrance exam for that university than get in.

B : Well, why not give it a go, there's nothing to lose.

A : 听说考那所大学的考生人数是录取名额的5倍。

B : 哎，就当去碰碰运气，要不要挑战下试试?

A : 그 대학, 입학 경쟁률이 5배래.

B : 안되더라도 도전해 보지그래?

section ❸

1 A：明子、拓也くんといい感じ⁸なんじゃない？
C　B：うん、でも友だち以上、恋人未満⁹かな。

2 A：このTシャツどうかな？　この色いいよね？
C　B：うん、その色よく似合うよ。

3 A：パソコンの画面ずっと見てたら、目が疲れちゃった。
D　B：目薬さして、ちょっと休んだほうがいいんじゃないですか？

4 A：なんだか、北村さん、最近怒りっぽくないですか？
D　B：うん、きっとストレスがたまってるんだよ。

5 A：あー、よく食べた。もう食べられない。
C　B：本当！　これで寝ちゃえたらいいのに。

6 A：あのー、10分くらい前にカレー注文したんですけど…。
F　B：あ、申し訳ありません。ただ今、確認してまいります。

7 A：あのー、このカレー、髪の毛が入ってるんですけど…。
F　B：あ、申し訳ございません。新しいものとお取替えします。

8 A：あのー、昨日、こちらでこの傘買ったんですけど、すぐにこわれちゃった
D　　んですが…。
　　B：それは申し訳ございません。どのような状態か見せていただけますでしょうか。

9 A：あのー、すみません。このセーター、返品できますか？
F　B：レシートをお持ちであれば、大丈夫ですよ。

10 A：お客様、では、お代をお返しいたします。
F　B：あ、お願いします。

1
A : Akiko, you and Takuya get along well, don' you?

B : Yeah, we're more than friends, but not quite a couple, I guess.

A : 明子，你和拓也，感觉相处得不错啊。

B : 嗯，不过也只是朋友以上，恋人未满的关系。

A : 아키코, 타쿠야 군 하고 잘 되어가는 것 같지 않아?

B : 응, 근데 친구 이상 애인 이하 같은 사이인것 같은데.

2
A : What do you think of this T-shirts? This color's great, isn't it?

B : Yeah, that color's good on you.

A : 这件T恤怎么样？这个颜色还不错吧！

B : 嗯，这个颜色还挺适合你的。

A : 이 티셔츠 어때? 색깔 예쁘지?

B : 응, 그 색 잘 어울린다.

3
A : My eyes are exhausted from looking at the the computer screen for so long.

B : Don't you think you should use some eye drops and give them a break for awhile?

A : 一直盯着电脑屏幕，眼睛好累。

B : 滴一点眼药水，好好休息一下比较好。

A : 컴퓨터 화면을 계속 봤더니 눈이 피로하네.

B : 안약 넣고 좀 쉬는 게 좋지 않을까요.

4
A : Don't you think Mr/s. Kita-mura is cranky lately for some reason?

B : Yeah, s/he must be stressed out.

A : 总感觉北村最近很易怒啊。

B : 嗯，肯定是压力太大了。

A : 이유는 모르겠는데 기타무라 상 요즘 자주 화를 내지 않아요?

B : 맞아. 스트레스가 쌓여있는 게 분명해.

5
A : Ah, I had a lot to eat. I couldn't eat a thing more.

B : I know! It would be nice just to fall asleep.

A : 啊，吃了好多啊。已经吃不下了。

B : 是啊，如果能直接就这么睡一觉就好了。

A : 아~ 잘 먹었다. 더는 못 먹겠어.

B : 진짜. 이대로 자 버렸으면 좋겠다.

6
A : Say, I ordered some curry about 10 minutes ago...

B : Oh, I'm sorry. I'll go check on it right away.

A : 那个，我在10分钟前点了一份咖喱，还没送过来。

B : 啊，抱歉。我马上去确认一下。

A : 저기요. 10분쯤 전에 카레를 주문했는데요….

B : 죄송합니다. 지금 바로 확인해 보겠습니다.

7
A : Say, this curry has some hair in it...

B : Oh, I'm sorry. I'll replace it with a fresh dish.

A : 那个，这个咖喱里面有头发。

B : 啊，抱歉。我马上给您换。

A : 저기요. 이 카레에 머리카락이 들어 있는데요….

B : 죄송합니다. 새 걸로 바꿔드리겠습니다.

8
A : Excuse me, I bought this um-brella here yesterday, but it broke right away...

B : Oh, I'm sorry about that. Could you show me what happened?

A : 那个，我昨天在这里买的伞，这么快就坏了。

B : 这真是抱歉。能让我看看伞的情况吗？

A : 저기요. 어제 여기에서 우산을 샀는데 바로 망가져 버리더라고요.

B : 죄송합니다. 어떤 상태인지 봐도 될까요?

9
A : Ummm, excuse me. Can I re-turn this sweater?

B : If you have the receipt, it's no problem.

A : 那个，不好意思问一下，这件毛衣可以退吗？

B : 您有小票的话就可以退。

A : 저기요. 죄송한데 이 스웨터를 반품 할 수 있을까요?

B : 영수증을 가지고 계시면 가능합니다.

10
A : Sir, we will refund your mon-ey.

B : Oh, thank you.

A : 客人您好，这就给您退款。

B : 麻烦了。

A : 고객님, 그럼 금액을 돌려드리겠습니다.

B : 부탁드려요.

1 **F**
A：お客様、こちらの新商品も合わせていかがでしょうか。ただいま大変お安くなっておりますが…。
B：あ、結構です。これだけください。

2 **C**
A：ねー、貧乏ゆすり ⑩、やめて。
B：あ、ごめん、してた？

3 **D**
A：あ、どうもすみません。助かりました。
B：あ、よかった。気にしないで。

4 **D**
A：おじゃまします。これ、召し上がってください。京都のおみやげです。
B：あ、ありがとう。でも、そんなに気を使わないでね。

5
A：山田さん、靴ひも、ほどけてますよ。
B：あ、本当だ。ありがとうございます。

6 **C**
A：あ、シャツのえり、立ってるよ。
B：あ、本当？　どうもありがとう。

7 **C**
A：私、ホラー映画って大っ嫌い。あんな怖いもの見たら、夢に出てきてうなされそう…。
B：へー、案外怖がりなんだね。

8 **C**
A：今日、寝過ごしてびっくりしたよ。起きたらもう8時なんだもん。
B：へー、でも、よく間に合ったねー。

9 **D**
A：起立、気をつけ、礼！
B：おはようございます。

10 **D**
A：部長、お先に失礼します。
B：あ、今日は早番だったね。おつかれさま。

1
A : Sir, what do you think of combining it with this new product? It's at a huge discount right now, but...
B : Oh, no, that's okay. I'd just like this.

A : 客人您好，要不要再看一下这边这款新商品？现在正在搞特价。
B : 哦，不用了。只要这个就好。

A : 고객님, 이 신상도 같이 어떠세요? 지금 가격이 많이 저렴해졌거든요….
B : 아 괜찮아요. 이것만 주세요.

2
A : Hey, stop bouncing your leg.
B : Oh, I'm sorry, was I doing that?

A : 哎呀，你别抖腿了。
B : 啊，抱歉，我抖腿了？

A : 야, 다리 좀 그만 떨어.
B : 아, 미안. 내가 떨었어?

3
A : Oh, thank you very much. You're a life saver.
B : Oh, I'm glad. Think nothing of it.

A : 给您添麻烦了。这可真是帮了大忙了。
B : 那就好，别客气。

A : 아, 죄송합니다. 도와주셔서 감사합니다.
B : 다행이네요. 신경 쓰지 마세요.

4
A : Excuse me. I hope you enjoy this. It's a souvenir from Kyoto.
B : Oh, thank you. But you didn't have to go to all the trouble.

A : 叨扰了。这个给您，可以尝尝，是从京都带过来的小礼物。
B : 啊，谢谢。不用那么客气的。

A : 실례합니다. 이거 드셔보세요. 교토에서 사 온 거예요.
B : 고마워. 이런 거신경 안 써도 되는데.

5
A : Mr. Yamada, your shoelaces are untied.
B : Oh, so they are. Thank you very much.

A : 山田，你鞋带散了。
B : 啊，真的诶。谢谢。

A : 야마다 상, 신발 끈이 풀렸어요.
B : 그러네. 고마워요.

6
A : Oh, the collar of your shirt is up.
B : Oh, really? Thanks a lot.

A : 啊，你衬衫的领子翘起来了。
B : 啊，真的吗? 谢谢。

A : 아, 셔츠 깃이 올라가 있어.
B : 진짜? 고마워.

7
A : I hate horror movies. When I see something that scary, I'm afraid it will give me nightmares.
B : Really? I didn't think you were such a sissy.

A : 我可讨厌恐怖电影了。看着那种可怕的东西，感觉晚上会做噩梦。
B : 诶? 没想到你胆子居然这么小。

A : 나 호러 영화 진짜 싫어해. 무서운 걸 보면 악몽을 꿀 것 같아….
B : 오~ 의외로 겁이 많구나.

8
A : I was shocked that I overslept today. It was already 8 o'clock when I woke up.
B : Wow, but you made it on time anyway.

A : 今天发现睡过头的时候吓了一跳。起来发现已经8点了。
B : 还真亏你能赶上。

A : 오늘 늦잠 자서 깜짝 놀랐어. 일어났더니 벌써 8시인 거야.
B : 오~ 그래도 제시간에 왔네.

9
A : Stand up, attention, bow!
B : Good morning.

A : 起立，注意，行礼!
B : 早上好。

A : 기립, 차렷, 인사!
B : 안녕하세요.

10
A : Say boss(lit. manager), sorry to be leaving before you.
B : You had the early shift today, didn't you. Thanks for your hard work

A : 部长，我就先告辞了。
B : 哦，今天你上的是早班啊。辛苦了。

A : 부장님 먼저 실례하겠습니다.
B : 아 오늘은 오전 근무지. 수고했어.

1 A：あの旅館、どうだった？
C B：うーん、ちょっと期待はずれ[11]だったかな。

2 A：昨日のテスト、大したことなかったね。
C B：え～、難しかったよ。

3 A：結婚すると自由がなくなるって言いますが、どうなんでしょうか。
B：そうとも限らないでしょう。人にもよりますよね。

4 A：スマホ、変えたの？
C B：うん、格安スマホにね。こっちのほうが料金も安くすむから。

5 A：携帯電話の番号とメールアドレスが変わりました。
D B：そうなんだ。じゃ、新しいの教えて。

6 A：ワイヤレスイヤホンを買いたいんだけど、どれがいいかな。
C B：じゃー、ネットで人気おすすめランキング調べてみたら？

7 A：そのカメラ、ずいぶん古いですね。
B：そうなんですよ。じょうぶで長持ちですよ。

8 A：来月のオンラインセミナー、もう、申し込みましたか？
D B：あ、まだ。申し込みが複雑なんだよね。

9 A：帰国しても頑張ってね。ずっと応援してるから。
D B：はい、ありがとうございます。人生は一度きりですから、いろんなことに
チャレンジしていくつもりです。

10 A：チンさんの国では、最近何がはやっていますか？
B：うーん、実は、しばらく帰ってないので、よくわからないんです。

1

A : How was that inn?

B : Hmm, I guess it wasn't exactly what I expected.

A：那家旅馆住了感觉怎么样？

B：怎么说呢，没想象的好。

A : 그 료칸(일본식 숙박시설) 어땠어?

B : 음… 좀 기대에 못 미치더라.

2

A : That test yesterday wasn't so bad, was it?

B : What! It was tough.

A：昨天的测试，也没什么嘛！

B：诶？我觉得好难啊！

A : 어제 시험 별거 아니었지.

B : 뭐라고~ 어려웠단 말이야.

3

A : They say you lose your freedom when you get married, but I wonder how it is.

B : I'm sure it's not necessarily the case. It depends on the people, too.

A：都说结了婚就会失去自由，真的是这样吗？

B：这也不一定吧。因人而异吧。

A : 결혼하면 자유가 없어진다고들 하는데 그런가요?

B : 꼭 그렇다고도 할 수 없죠. 사람마다 다르니까요.

4

A : Did you change your smartphone?

B : Yeah, to a really cheap smartphone. The rates for this one are cheaper.

A：你换手机了？

B：嗯，换成特价手机了。这个费用比较便宜。

A : 스마트폰 바꿨어?

B : 어, 알뜰폰으로. 이게 더 저렴해서.

5

A : Both the number and mail address of my cell phone have changed.

B : Is that right. Well, tell me the new one.

A：我换了新的手机号码和邮箱。

B：这样啊，那，把新的告诉我吧。

A : 휴대폰 번호하고 메일 주소가 바뀌었어요.

B : 그래? 그럼 새 거 가르쳐 줘.

6

A : I want to buy a wireless earphone, but I wonder which one is the best.

B : Why not check out the popularity rankings on the Internet?

A：我想买无线耳机，买哪款好呢？

B：查查看网上的人气榜单？

A : 블루투스 이어폰을 사고 싶은데 어떤 게 좋을까?

B : 그럼, 인터넷에서 추천 순으로 한 번 봐 봐.

7

A : This camera is really old, isn't it?

B : Yes it is. It's sturdy and long-lasting.

A：你这台相机，感觉用了很久啊？

B：是啊，还挺耐用的。

A : 그 카메라 상당히 오래됐네요.

B : 맞아요. 튼튼해서 오래가요.

8

A : Have you already applied for the on-line seminar next month?

B : Not yet. The application procedure is complicated, you know.

A：下个月的线上研讨会，你申请了吗？

B：啊，还没有。申请的流程太复杂了。

A : 다음 달 온라인 세미나 신청 다 하셨어요?

B : 아직. 신청방법이 복잡하더라고.

9

A : Keep up the hard work when you go home. I'll keep rooting for you.

B : Yes, thank you. You only live once, so I want to try all kinds of things.

A：回国了也要好好努力哦！我会替你加油的！

B：好的，谢谢。人生只有一次，各种事情我都想去挑战一下。

A : 귀국 후에도 열심히 하세요. 응원할게요.

B : 네, 고맙습니다. 인생은 한 번뿐이니까 이것저것 도전하려고 해요.

10

A : What has been happening lately in your country Mr. Chin?

B : Well, actually I haven't been home in awhile, so I don't really know.

A：小陈你的国家最近有什么比较流行的东西吗？

B：其实，我也有一段时间没回国了，不是很清楚。

A : 친 상 나라에서는 요즘 뭐가 유행하고 있나요?

B : 음… 실은 한동안 귀국하지 않아서 잘 몰라요.

1 A：なにこれ。食べ終わったら片付けなさい！

B：あ、ごめん。でも、まだ食べかけだから置いといてよ。

2 A：引越しの当日は、田中君が手伝ってくれるって。

B：あ、本当、よかった。助かるね。

3 A：この前の大会、健太、4位だって。

B：あ、本当〜。あいつにしたら、まあ、よくやったじゃん⑫？

（美容室で）

4 A：どこかかゆいところはございませんか？

B：あ、大丈夫です。

5 A：このチーズ、結構いけるね。

B：お、そうだろ！　デパ地下で試食したらおいしかったんだよ。

6 A：友だちだからって、許せないこともあるよ。

B：まあ、そりゃ⑬そうだろうけどさー。

7 A：もうすぐ決算の発表ですね。

B：うん、準備で目が回り⑭そうだよ。

8 A：カラオケ行ったら、どんな曲歌うんですか？

B：最近はK-ポップですね。歌って踊って盛り上がれますよ。

9 A：明日は仕事休みだから、ドライブでも行く？

B：うん。行く！　行く！

10 A：あ〜、どうしてあんなことしちゃったんだろう。

B：まあ、そう言うなって。誰にだって、そういうことはあるんだから。

1
A : What's this? Clean up after you finish eating!
B : Oh sorry. But I am still eating, so leave it, will you?

A：这什么情况！吃完了收拾干净啊！
B：啊，抱歉。不过我还没吃完呢，先放着嘛。

A：이게 뭐니. 다 먹었으면 치워야지!
B：아, 미안해. 근데 아직 먹고 있으니까 놔 둬.

2
A : Mr/s. Tanaka said s/he would help on moving day.
B : Oh, is that right, what a relief. That'll be a big help.

A：搬家那天，田中说会来帮忙的。
B：啊，真的吗？太好了！帮大忙了。

A：이사 당일은 다나카 군이 도와 준대.
B：그래? 잘됐다. 고맙네.

3
A : Kenta was 4th in the recent tournament.
B : Oh, really? For him, that's a really good job, isn't it?

A：之前的大赛，健太拿了第4名。
B：真的吗？以他的水平来说，应该算是发挥得挺不错的了吧？

A：이 앞에서 대회에서 켄타가 4등 했대.
B：아 진짜? 걔 실력으로 보면 나름 잘 한 거 아니냐?

(At a Beauty Salon)

(在理发店)

(미용실에서)

4
A : Do you have an itchy spot somewhere?
B : Oh, I'm fine.

A：有哪里觉得痒吗？
B：哦，没有。

A：어디 가려우신 곳 없으세요?
B：네, 괜찮습니다.

5
A : This cheese is really good.
B : Oh, I bet it is! I tried it in the basement of a department store and it was delicious.

A：这个芝士，可以啊！
B：对吧！我在百货店地下层试吃的时候就觉得好好吃。

A：이 치즈, 상당히 괜찮은데?
B：그치? 백화점 식품관에서 시식해 보니까 맛있더라고.

6
A : When you are friends, there are some things you can't forgive.
B : Well, of course that's true, but...

A：就算是朋友，也是有底线的。
B：话是这么说没错啦。

A：친구라도 용서할 수 없는 것도 있어.
B：그건 그렇지만 말이야….

7
A : The accounts are about to be released, right?
B : Yeah, my head is spinning just getting them ready.

A：马上就要到结账清算的发表了。
B：嗯，为了准备这个我真是快忙晕了。

A：얼마 후에 결산 발표네요.
B：응, 그 준비 때문에 눈이 돌아갈 것 같아.

8
A : What kind of songs do you sing when you go to karaoke?
B : Lately it's been K-pop. You can sing and dance to it, so it's a lot of fun.

A：去KTV的话，你会点什么歌？
B：最近的话，我会点一些韩流的歌，又唱又跳，比较能活跃气氛。

A：노래방에 가면 어떤 노래를 부르세요?
B：요즘에는 케이팝이죠. 노래하고 춤추면 신나요.

9
A : Tomorrow is a day off, so shall we go for a drive or something?
B : Yeah. Let's go! Let's go!

A：明天不上班，要不要去兜风？
B：嗯！去去去！

A：내일 쉬는 날이니까 드라이브라도 갈까?
B：응. 갈래! 갈래!

10
A : Oh, why did you do such a thing.
B : Hmmm, don't say that. That kind of thing can happen with anyone.

A：啊~我怎么会做那种蠢事啊！
B：哎呀，别这么说嘛。谁都会有这种时候的。

A：아~ 내가 왜 그랬을까.
B：그런 말 마. 누구라도 그런 일은 있으니까.

1 A : 田中さんの結婚パーティー、いつでしたっけ？
　　B : えーと、確か10日の午後3時からです。

2 A : 当日、どんな服を着て行きますか？
　　B : 平服⑮でいいみたいですよ。

3 A : プレゼントはどうしますか？
　　B : いろいろ考えたけど、お金を包む⑯ことにしました。

4 A : 結婚式のとき、新郎新婦に何て言えばいいんですか？
　　B : そうですね、「ご結婚おめでとうございます。お幸せに！」が一般的ですね。

5 A : すみません。この本、探しているんですけど。
Ｆ B : 申し訳ございません。こちらではお取り扱いがございません。お取り寄せ
　　　 に1週間ほどかかりますが。

6 A : 彼女、目がくりくり⑰していて、かわいいね。
Ｃ B : え、彼女みたいなタイプが好きなの？

7 A : もう3月だね。そこのカレンダーめくってくれる？
Ｄ B : はい、わかりました。

8 A : バケツの中の水、捨てておいて。
Ｃ B : はーい、お母さん。じゃー、庭にまいておくね。

9 A : ライブのチケット、予約した？
Ｃ B : それがだめだったんだ。同時アクセスで、サイトがダウン⑱しちゃって…。

10 A : チケット、ネットで予約しておいたから。
Ｃ B : ありがとう。じゃー、並ばなくてもスマホ見せるだけで入れるね。

1 A : When was Mr/s. Tanaka's wedding reception again?

B : Let's see, I think it's from 3 PM on the 10th.

A : 田中的结婚派对是什么时候来着?

B : 我想想, 应该是10号的下午3点。

A : 다나카 상 결혼 축하 파티, 언제였죠?

B : 그러니까…10일 오후 3시부터였던 것 같아요.

2 A : What kind of clothes are you going to wear on the day?

B : It sounds like plain clothes are fine.

A : 到时候穿什么衣服去呢?

B : 好像不用太正式, 西装什么的就可以。

A : 당일에 어떤 옷을 입고 갈 거예요?

B : 캐주얼한 정장이면 되는 것 같더라고요.

3 A : What are you doing for a present?

B : I thought about all kinds of things, but I decided just to wrap up some money.

A : 礼物怎么办啊?

B : 我想了很久, 还是决定直接包礼金了。

A : 선물은 어떻게 할 거예요?

B : 이것저것 생각했는데 그냥 돈 봉투로 하려고요.

4 A : What should I say to the bride and groom during the wedding ceremony?

B : Let's see; it's common to say "Congratulations on your marriage. To your happiness!"

A : 婚礼的时候, 要对新郎新娘说什么呀?

B : 一般就是"恭喜恭喜, 祝你们美满幸福"之类的吧。

A : 결혼식 때, 신랑신부한테 뭐라고 하면 될까요?

B : 그냥 '결혼 축하합니다. 행복하세요' 가 일반적이죠.

5 A : I'm sorry. I am looking for this book.

B : Oh, I'm sorry. We don't carry that here. It would take about 1 week to order it in for you.

A : 不好意思打扰一下, 我想找这本书。

B : 抱歉, 我们这边没有这本书。如果您需要订购的话, 大约需要1个礼拜的时间。

A : 저기요. 이 책을 찾고 있는데요.

B : 죄송한데 이 책은 취급하지 않고요, 주문하시면 일주일 정도 걸립니다.

6 A : That girl, she's so cute with her big, expressive eyes.

B : Oh, is she your type of woman?

A : 她眼睛大大的圆圆的, 好可爱。

B : 诶? 你喜欢这种类型的啊?

A : 그 여자애/여자분 눈이 동글동글하고 예쁘네.

B : 그런 타입이 마음에 들어?

7 A : It's already March, isn't it. Would you flip the calendar for me?

B : Yes, sure.

A : 已经3月份了呢。能帮忙翻一下日历吗?

B : 好的, 知道了。

A : 벌써 3월이네. 거기 달력 좀 넘겨 줄래?

B : 네, 알겠습니다.

8 A : Toss out the water in the bucket.

B : Yes, mum. I'll sprinkle it around the garden, then.

A : 你去把水桶里的水倒了吧。

B : 好的, 妈妈。那我倒院子里了啊。

A : 양동이에 있는 물 좀 버리고 와.

B : 알았어요. 엄마, 그럼 마당에 뿌리고 올게요.

9 A : Did you reserve a ticket for the concert?

B : No that didn't work out. Many people accessed the site at the same time, so the server went down...

A : 演唱会的门票预约了吗?

B : 没预约上。一下子点击量过大, 网页瘫痪了。

A : 콘서트 티켓 예매했어?

B : 못 했어! 접속이 몰려서 서버가 터졌어….

10 A : I reserved tickets for you over the Internet.

B : Thank you. So, you don't have to get in line; just show your smartphone.

A : 我在网上预约了门票。

B : 谢谢。这样的话, 不用排队买票, 直接给他们看手机就能进去了吧。

A : 티켓은 인터넷에서 예매해 놨어.

B : 고마워. 그럼 줄 안 서도 스마트폰을 보여주기만 하면 들어갈 수 있겠네.

111

1 A：お世話になります。10時にお約束しております山本と申します。営業部の
　　　今井様はいらっしゃいますでしょうか。

　　B：はい、私です。お待ちしておりました。

2 A：国際展示場に行くには、どこで乗り換えるんでしたっけ？

　　B：新木場が便利ですよ。

3 A：すっかり遅くなっちゃったね。終電に間に合う？

　　B：ぎりぎり⑲かな。急ごう！

（駅で）

4 A：すみません、トイレはどこですか？

　　B：ホーム中央の階段を上がると、すぐ右手にありますよ。

5 A：この電車は秋葉原に止まりますか？

　　B：いいえ、快速ですから。でも、向かいの山手線なら各駅止まりですよ。

6 A：今、在宅でリモートワークされてるんですか。

　　B：ええ、通勤時間がないので朝はゆっくりできますよ。

7 A：LINEって面倒くさくない？　すぐ返事しないといけないし…。

　　B：そうかな。既読⑳がつくから便利だと思うけど。

8 A：何かご意見があれば、遠慮なくおっしゃってください。

　　B：今のところ、特にありません。

9 A：わざわざ足を運んでもらい、ありがとう。

　　B：いいえ、こちらこそ、お役に立てず申し訳ございませんでした。

10 A：確か、今年はうるう年㉑でしたね。

　　B：そうですよ。一日多くて得した気分になりませんか。

1
A : Hello. (lit. I appreciate your business as always.) My name is Yamamoto and I have reservations for 10 o'clock. Is Ms. Imai of the Sales department available?
B : Yes, That's me. I was expecting you.

A：请多关照。我是山本，预约了10点过来。营业部的今井先生（小姐）在吗？
B：我就是。恭候多时了。

A : 안녕하십니까. 10시에 약속한 야마모토라고 합니다. 영업부 이마이 님 계십니까?
B : 네 접니다. 기다리고 있었습니다.

2
A : To get to the international exhibition center, where was I supposed to change trains again?
B : It's convenient at Shin-Kiba.

A：去国际会展中心的话要在哪里换乘呀？
B：从新木场换比较方便。

A : 국제 전시장에 가려면 어디에서 갈아타야 하죠?
B : 신키바에서가 편해요.

3
A : It's really gotten late, hasn't it? Will we make the last train?
B : It'll probably be touch and go. Let's hurry!

A：已经这么晚了，还赶得上末班车吗？
B：有点悬。赶紧吧!

A : 완전 늦은 시간이네. 막차 탈 수 있을까?
B : 아슬아슬하게? 서두르자!

(At the Station)

(在车站)

(역에서)

4
A : Excuse me, where is the toilet?
B : Go up the staircase in the middle of the platform and it's immediately on your right.

A：不好意思，请问洗手间在哪里？
B：从站台中间的台阶上去，右手边就是了。

A : 죄송한데, 화장실이 어디 있나요?
B : 승강장 중앙 계단을 올라가면 바로 오른쪽에 있습니다.

5
A : Does this train stop at Akihabara?
B : No, because it's an express. But, a local train of the Yamanote line across the platform stops there.

A：这趟电车在秋叶原停吗？
B：这趟电车是快车，所以不会停。不过对面的山手线每一站都会停。

A : 이 전차는 아키하바라에 정차하나요?
B : 아뇨, 쾌속이라서요. 하지만 반대편 야마노테센은 정차합니다.

6
A : Are you working remotely from home now?
B : Yes, I can take my time in the morning as there's no commute time.

A：现在在家远程办公吗？
B：是的，因为不用花费时间在路上，早上可以过得比较悠闲。

A : 지금 재택근무하고 계세요?
B : 네, 출근시간이 없어서 아침에 여유가 있어요.

7
A : Isn't LINE a hassle? Such as, you have to reply right away...
B : Do you think so? I think it's convenient because it's marked with "Read."

A：你不觉得LINE很麻烦吗？信息还要立刻就回复。
B：这样吗？我觉得如果对方看了消息就会显示"已读"，还挺方便的。

A : LINE 좀 귀찮지 않아? 바로 답장해야 되고….
B : 그런가. 읽음 표시가 있으니까 편한 것 같은데.

8
A : If you have a comment, please feel free to tell me.
B : At this point, nothing in particular to say.

A：如果有什么想法的话，请说出来，不需要有所顾忌。
B：目前暂时没有。

A : 의견이 있으시면 편하게 말씀해 주세요.
B : 아직은 괜찮습니다.

9
A : Thank you for coming all the way here.
B : Not at all. I only wish I could have been useful.

A：麻烦您特地跑一趟，谢谢了。
B：哪里哪里，真是抱歉，也没能帮上您什么忙。

A : 일부러 와 줘서 고마워.
B : 아니에요. 별로 도움도 못 드리고 죄송해요.

10
A : I'm pretty sure this was a leap year, wasn't it?
B : That's right. With an extra day, it feels like a bonus, doesn't it?

A：今年好像是闰年吧？
B：是啊。多出一天，是不是觉得赚到了？

A : 그러고 보니 올해가 윤년이죠?
B : 맞아요. 하루가 더 있어서 이득인 기분이지 않아요?

1 A：「メタボ検診㉒のお知らせ」か…。受ける？
　　けんしん　　　　　　　　　う
C　B：ううん、今回はパス。
　　　　　　こんかい
　　A：え、いいの？　そのお腹周り…。
　　　　　　　　　　なかまわ
　　B：うーん、最近気になってるんだよね…。やっぱり受けておこうかな。
　　　　　　さいきん き

2 A：見て、この動画。
　　み　　　どうが
C　B：何？　あー、子猫か。
　　なに　　　こねこ
　　A：かわいいでしょ？　猫好きにはたまらないよね。
　　　　　　　　　　　　ねこ ず
　　B：そうだね。寝顔見てると、本当にいやされるな。
　　　　　　ねがお　　　　ほんとう

3 A：あ、それ、スマートウォッチですか！
D　B：あ、これ？　うん、最近買ったんだ。
　　　　　　　　　　さいきん か
　　A：いいなー。それ一つで何でもできるから、便利ですよね。
　　　　　　　　　　ひと　なん　　　　べんり
　　B：まあね、でも、つけるのを忘れたら元も子もない㉓けど。
　　　　　　　　　　　わす　　もと こ

4 A：ねー、私の話、ちゃんと聞いてる？
　　　わたし はなし　　　　き
C　B：うん？　何？
　　　　　なに
　　A：ほら、また上の空㉔。
　　　　　　うわ そら
　　B：そんなことないよ。ちょっと考え事してただけだよ。
　　　　　　　　　　　　かんが ごと

5 A：何、この行列？
　　なに　　ぎょうれつ
D　B：パンケーキの店ですよ、昨日、オープンしたみたいですね。
　　　　　　　　みせ　　きのう
　　A：あー、パンケーキね。まだブーム続いてるの？
　　　　　　　　　　　　　　つづ
　　B：ええ、インスタ映え㉕するんで、女子には根強い人気ですよ。
　　　　　　　　　ば　　　　じょし　ねづよ にんき

6 A：あれ、川口さん、どうしたんですか、その服。
　　　かわぐち　　　　　　　　　　ふく
　　B：あ、ラグビーの試合を見に行った帰りで…。
　　　　　　　　しあい み い かえ
　　A：そうなんですか。今、ラグビー、大人気ですよね。
　　　　　　　　　　いま　　　　だいにんき
　　B：にわかファン㉖で、ルールあんまりわからないんですけどね。

1
A : The "Obesity Exam Notification," eh... Are you going?
B : Nah, I'll take a pass this time.

A : Really, do you think that's wise? All that around your belly...
B : Yeah, it's started bothering me lately... I guess I should go after all.

A : "代谢综合征检查通知"啊……要去查一查吗?
B : 不了,我这次就不去了。

A : 诶? 没问题吗? 你看你肚子上那一圈……
B : 呃……最近确实让人有点担心……还是去检查一下吧。

A : '대사 증후군 검사 안내' 라⋯받을 거야?
B : 아니, 이번에는 패스.

A : 괜찮겠어? 그 배⋯.
B : 음⋯ 요즘 신경이 쓰이긴 해⋯. 역시 검사받아 볼까.

2
A : Hey, check out this video.
B : What was that? Oh, a kitten, huh?
A : Isn't it cute? It's irresistible for cat lovers, ya know?
B : You're right. When I see its sleeping expression, it's really good for my soul.

A : 你看这个视频。
B : 什么? 啊,小猫啊。
A : 可爱吧? 爱猫人士受不了了。
B : 是啊。看看他们睡觉的样子,真觉得自己被治愈了。

A : 이 동영상 좀 봐.
B : 뭐야? 아~ 새끼 고양이네.
A : 귀엽지? 고양이 좋아하는 사람이 보면 미치겠지.
B : 그러게. 자고 있는 얼굴 보면 힐링 돼.

3
A : Oh, it's a smartwatch, is it?
B : Oh, this? Yeah, I bought it recently.
A : I'm envious. It must be convenient since you can do everything all in one.
B : Maybe so, but if you forget to put it on, it's all for nothing.

A : 啊,这是智能手表?
B : 啊,这个? 嗯,最近刚买的。
A : 真好啊。一个智能手表能干好多事情,感觉好方便。
B : 是啊。不过如果忘记戴了的话,就白买了。

A : 어, 그거 스마트 워치 아니에요?
B : 이거? 응, 얼마 전에 샀어.
A : 좋겠다. 그거 하나로 다 할 수 있어서 편하죠.
B : 그냥 뭐. 그래도 차고 있는 걸 잊어버리면 다 날아가지만.

4
A : Say, are you really listening to me?
B : Huh? What was that?

A : See, lost in the clouds again.

B : No I wasn't. I was just thinking about something.

A : 喂,你有在听我说话吗?
B : 嗯? 什么?

A : 看吧! 又神游了。

B : 哪有! 我就是在想点事情而已。

A : 내 얘기 듣고 있어?
B : 응? 뭐?

A : 이거 봐. 또 정신 팔렸지.

B : 내가 언제. 잠깐 생각 중이었단 말이야.

5
A : What's with this line?
B : It's a pancake restaurant. I hear they just opened yesterday.
A : Oh, pancakes, huh? That boom is still going?
B : Yes, it looks good on Instagram, so it's really popular with girls.

A : 这是在排什么队啊?
B : 是煎饼店啦,好像昨天刚开张。
A : 啊,煎饼啊。风头还没过去吗?
B : 是啊,因为照片上传到Instagram之后很好看,所以深受女孩子们的欢迎啊。

A : 이 줄은 뭐지?
B : 팬케이크 가게네요. 어제 오픈한 것 같아요.
A : 아~ 팬케이크구나. 아직 인기가 있는 거야?
B : 네. 인스타 감성이라 여자분들한테 인기가 있죠.

6
A : Hey, Mr. Kawaguchi, what's with those clothes?
B : Oh, I'm on my way home from a rugby match.
A : Is that right? Rugby is really popular right now, isn't it?
B : I'm a fair-weather fan of it, but I really don't understand the rules so well.

A : 咦? 川口? 你穿着这身衣服是去干什么了?
B : 哦,我刚看完橄榄球比赛回来。
A : 是这么回事啊。感觉现在橄榄球很火啊。
B : 我也就是一时兴起,规则什么的,我也不太懂。

A : 어? 가와구치 상, 그 옷 뭐예요?
B : 아, 럭비 시합 보고 돌아가는 길에요⋯.
A : 그렇군요. 지금 럭비가 인기죠?
B : 반짝 팬이라서 규칙도 잘 모르긴 하지만요.

section 10

🔊 40

1
Ⓓ
A ： 僕、甘いものに目がなくて㉗…。
　　ぼく　あま　　　　　め

B ： へー、そうなんですか。

A ： で、会社帰りにコンビニに寄ると、ついスイーツを買っちゃうんですよね。
　　　　かいしゃがえ　　　　　　　よ　　　　　　　　　　　　　　か

B ： 最近、男性向けのスイーツもたくさん出てますからね。
　　さいきん　だんせいむ　　　　　　　　　　　　て

2
Ⓒ
A ： 昨日の「漫才グランプリ」見た？
　　きのう　まんざい　　　　　み

B ： うん、見たよ。無名の新人が優勝してびっくりしたよ。
　　　　み　　　　むめい　しんじん　ゆうしょう

A ： そうだね。一発屋㉘で終わらなければいいね。
　　　　　　いっぱつや　　お

B ： お笑い芸人は山のようにいるからね。
　　わら　げいにん　やま

3
A ： 最近、野菜が高いですね。
　　さいきん　やさい　たか

B ： ええ、今年は暑さが異常でしたから。
　　　　ことし　あつ　　いじょう

A ： こんなに高いと手が出ません㉙よね。
　　　　　　たか　て　で

B ： ええ、家族には毎日食べてもらいたいんですけどね。
　　　　かぞく　　　まいにちた

4
Ⓒ
A ： あ、それ！　この前欲しがってたマンガじゃない？
　　　　　　　　　まえほ

B ： うん、この間参加したコミケ㉚で手に入れたんだ。
　　　　　あいださんか　　　　　　て　い

A ： いいな〜、私も行けばよかった。
　　　　　　わたし　い

B ： 寒い中すごい人だったけど、行ったかいがあった㉛よ。
　　さむ　なか　　　ひと

5
Ⓒ
A ： あ、今揺れてない？
　　　　いまゆ

B ： ほんとだ。最近地震多いね。
　　　　　　さいきんじしんおお

A ： うん。なんか大きい地震が来そうで心配。
　　　　　　　おお　　じしん　き　　しんぱい

B ： そうだね。防災グッズ、チェックしておいたほうがいいね。
　　　　　　ぼうさい

6
A ： 「ユアナビ」っていう人材紹介サイト㉜、ご存知ですか？
　　　　　　　　　　じんざいしょうかい　　　ぞんじ

B ： はい、聞いたことがありますが…。
　　　　き

A ： 就活㉝準備に必要なコンテンツがたくさんありますよ。日本で就職をお考
　　しゅうかつじゅんび　ひつよう　　　　　　　　　　　　　にほん　しゅうしょく　　かんが
えなら、アプリをダウンロードしてみてください。

B ： それは便利ですね。
　　　　　べんり

116

1

A : I can't resist sweets...
B : Oh, is that right?
A : So, I end up buying sweets at a convenience store on the way home from work, you know?
B : A lot of sweets geared toward guys have come out recently.

A ： 我对甜食完全没有抵抗力…
B ： 这样啊。
A ： 所以每次下班回家去便利店的时候都会忍不住买甜品吃。
B ： 最近，也出了很多面向男性消费者的甜食呢。

A ： 제가 단 걸 너무 좋아해서….
B ： 오~ 그러세요?
A ： 그래서 회사 끝나고 편의점에 들러서 디저트를 사거든요.
B ： 요즘 남자분들을 겨냥한 디저트들이 많이 나와 있으니까요.

2

A : Did you see the "Manzai Gran Prix" yesterday?
B : Yeah, I saw it. I was shocked that an unknown newcomer won it.
A : You're right. I hope they don't end up being a one-hit wonder.
B : There are already so many comedians, aren't they.

A ： 你看昨天的"相声大赛"了吗?
B ： 嗯，我看了。居然是一组默默无名的新人获胜了，太意外了。
A ： 是啊。希望不是他们不会只是昙花一现。
B ： 毕竟，搞笑艺人遍地都是。

A ： 어제 '만자이 그랑프리' 봤어?
B ： 응, 봤지. 무명 신인이 우승해서 놀랐어.
A ： 나도. 반짝 인기로 끝나지 않았으면 좋겠다.
B ： 개그맨들이 워낙 많으니까.

3

A : Vegetables have gotten expensive lately, haven't they?
B : Yes, because it was unusually hot this year.
A : When it's so expensive, you can't afford it, can you?
B : I know, and I want my family to eat them every day, but...

A ： 最近, 蔬菜有点贵啊。
B ： 是啊，因为今年热得反常吧。
A ： 这么贵实在是有些买不下手啊。
B ： 是说，但还是想让家人们每天有有蔬菜吃。

A ： 요즘 채소가 비싸네요.
B ： 맞아요. 올해는 더위가 보통이 아니었으니까요.
A ： 이렇게 비싸면 살 엄두가 안 나요.
B ： 맞아요. 가족들한테는 매일 먹이고 싶긴 하지만요.

4

A : Oh, that's it! Isn't that the manga you were wanting the other day?
B : Yeah, I got it from the Comiket I participate in recently.
A : Lucky you, I wish I'd gone too.
B : There were lots of people and it was so cold, but I'm so happy I went.

A ： 啊，那个！不是你之前想买的漫画吗?
B ： 嗯，前不久参加同人志展销会的时候买了。
A ： 真好啊~我要是也去了就好了。
B ： 虽然又冷人又多，但是真的不虚此行。

A ： 아, 그거! 요전에 갖고 싶었던 만화책 아냐?
B ： 응, 얼마 전에 참가한 코미케에서 산 거야.
A ： 좋겠다~ 나도 갈걸.
B ： 날도 추운데 사람도 많았지만 간 보람이 있었어.

5

A : Oh, isn't it trembling now?
B : Yeah, it is. There're a lot of earthquakes lately, huh.
A : Yeah. I'm worried a big earthquake will come.
B : You're right. You should check your emergency survival kit.

A ： 啊，是不是在晃?
B ： 真的诶。最近地震有点频繁啊。
A ： 嗯，总觉得要来什么大地震了，怪担心的。
B ： 是啊。还是检查一下应急包什么的比较好。

A ： 어, 지금 흔들린 거 아냐?
B ： 그러게. 요즘 지진이 많네.
A ： 응. 왠지 큰 지진이 올 것 같아서 걱정돼.
B ： 맞아. 방재용품을 체크해 놓는 게 좋겠다.

6

A : Do you know the recruitment site called "Yuanabi?"
B : Yes, I've heard of it, but...
A : It has a lot of content you need to get ready for job hunting. Please try downloading the app if you're thinking of looking for a job in Japan.
B : That is convenient.

A ： 你知道一个叫"ユアナビ"的人才招聘网站吗?
B ： 只听说过这个名字。
A ： 里面有很多准备就职的必备内容。如果考虑在日本就职的话，可以下载一个APP来看看。
B ： 这可太方便了。

A ： '유어 네비'라는 취업 정보 사이트를 아시나요?
B ： 네, 들은 적은 있는데….
A ： 취업 준비에 필요한 콘텐츠가 많이 있습니다. 일본에서 취업을 생각중이시라면 앱을 다운로드 해 보세요.
B ： 편리하네요.

① ネット

「インターネット」の略です。	Short for "インターネット(internet)."	指网络，"インターネット"的略称。	"インターネット(인터넷)"의 줄임말입니다.

② 口は災いの元
くち わざわ もと

ことわざの1つで、発言に気をつけないと、悪い結果を招きかねないという意味です。	A saying that means that if you aren't careful about what you say, it may lead to a bad result.	是一句俗语。祸从口出，不注意言辞，则易招来灾祸的意思。	속담 중의 하나로, 말조심하지 않으면 나쁜 결과를 부른다는 의미입니다.

③ 型落ち（する）
かた お

電気製品などの新製品が出て、今売っているものが古いモデルになることです。	When a new product, such as electronics, comes out, this refers to what is currently being sold becoming an old model.	指电器出了新型号后，销售中的型号就变成了旧款。	전자제품 등에서 신제품이 나와서 지금 팔고 있는 게 예전 모델이 되는 것입니다.

④ 買い
か

これは値段以上の価値があるから買ったほうがいいという意味です。似たような表現に「お買い得」もよく使います。	This means you should buy something because its value is greater than its price. A similar expression "お買い得" is also commonly used.	指 "物超所值，买了比较好" 的意思。与此类似的 "お買い得" 也很常用。	'이건 가격 이상의 가치가 있으니까 사는 게 좋다'라는 의미입니다. 비슷한 표현으로는 "お買い得"도 자주 씁니다.

⑤ 百均
ひゃっきん

「百円均一」の略で「100円ショップ」のことを表します。	Short for "百円均一(all 100-yen)" and refers to 100-yen shops.	是 "百円均一(全场100日元一件)" 的略称，用来指代"100円ショップ(百元店)"。	"百円均一(100엔 균일가)"의 줄임말로 "100円ショップ(100엔샵)"을 말합니다.

⑥ 当たり
あ

いいものに当たってラッキーだったという意味です。	Means being lucky to have hit a good thing.	"运气好，中奖了"的意思。	'좋은 게 걸려서 운이 좋다'라는 뜻입니다.

⑦ だめもと

はじめから駄目だと分かっているという意味です。「だめもとで頑張る」は、失敗してもいいから頑張ってみるという意味です。	This means knowing something is likely to be unsuccessful, so you have nothing to lose. "だめもとで頑張る" means trying your best because it doesn't matter if you fail.	一开始就知道不会成功的意思。"だめもとで頑張る"的意思是，即使知道会失败，也会努力一试的意思。	처음부터 안 될 거라고 알고 있다는 뜻입니다. "だめもとで頑張る"는 실패해도 좋으니가 열심히 해 보겠다는 뜻입니다.

⑧ いい感じ
かん

いい雰囲気だ、いい関係だという意味です。	This means a good atmosphere or good relationship.	"气氛不错、关系不错"的意思。	'좋은 분위기다, 좋은 관계다'라는 뜻입니다.

⑨ 友だち以上、恋人未満
とも いじょう こいびと み まん

友だちより仲がいいけれど、恋人ほど親しい関係ではないという意味です。

It means the relationship is closer than friends but not quite as close as lovers.

关系比朋友更亲近，但是没有到达恋人的地步。

친구사이보다 발전했지만 연인사이까지는 아닌 관계를 뜻합니다.

⑩ 貧乏ゆすり
びんぼう

癖の一つで、足を小刻みに揺することです。木を揺ると実が落ちるのと同じように、人間もお金が落ちて貧乏になることを例えています。

It's the habit when a person jiggles his/her leg. It's a metaphor like if a tree is shaken, the fruits fall; for people, money drops and one becomes poor if jigging his/her leg.

一种习惯，即抖腿。比喻：和摇晃树木果实就会掉落一样，人抖腿的话钱就会掉，会变穷。

버릇 중에 하나로, 다리를 떠는 것입니다. 나무를 흔들면 열매가 떨어지는 것처럼, 사람도 돈이 떨어져서 가난(貧乏) 해지는 것을 비유한 것입니다.

⑪ 期待はずれ
き たい

（思っていたより）あまり良くなかったという意味です。

This means something is somewhat worse than you thought.

没有达到预期的意思。

'생각보다 별로 좋지 않았다' 라는 뜻입니다.

⑫ やったじゃん

「やったじゃない（＝やったね）」のカジュアルな言い方です。元々は方言でしたが、今は広く使われています。

This is a causal way of saying "やったじゃない(＝やったね)(good job)." Originally it was considered slang, but is now commonly used.

"やったじゃない(＝やったね)" 的较为日常随意的说法。原来只是方言，现在则被各地广泛使用。

"やったじゃない (＝ やったね)" 보다 가벼운 말투입니다. 원래 사투리였으나 지금은 널리 쓰입니다.

⑬ そりゃ

「それは」のカジュアルな言い方です。

This is a causal way of saying "それは."

"それは" 的较为日常随意的说法。

"それは"보다 가벼운 표현입니다.

⑭ 目が回る
め まわ

とても忙しいという意味です。

This means extremely busy.

忙得头昏眼花的意思。

'아주 바쁘다'라는 뜻입니다.

⑮ 平服
へいふく

正装ではなく、普段着でもない少し改まった服装のことです。男性の場合はスーツやジャケット、女性の場合はスーツやワンピースなど。

This means not formal wear, but an outfit a little better than everyday wear. A suit or jacket for men, or a suit or dress for women.

不是正装，但是又比休闲服稍微正式一些的衣服。男性的话，多指西装套装等。女性的话，多为西装套装和连衣裙等。

정장도 평상복도 아닌 조금 포멀한 옷입니다. 남성의 경우 슈트나 재킷, 여성은 슈트가 원피스 등을 가리킵니다.

⑯ お金を包む
かね つつ

お礼やお祝いにお金を包んであげるという意味です。お金が直接見えないように小袋に入れたりして渡します。

This means wrapping money up as a thank you or for a celebration. It is put in a small envelope so the money cannot be seen directly when given.

把礼金包起来的意思。为了不让金钱直接暴露在外面，把钱放到小袋子里给对方。

감사나 축하로 돈 봉투를 주다 라는 뜻입니다. 돈이 보이지 않도록 작은 봉투에 넣어서 건넵니다.

⑰ くりくり

目が大きくて、よく動く様子を表わす擬態語です。可愛らしいニュアンスを含みます。	This is an onomatopoeia that expresses one's eyes are large and expressive. It includes the nuance of being cute.	形容眼镜大大的，灵动的样子。包含了可爱的意思。	눈이 크고 잘 움직이는 모습을 나타내는 의태어입니다. 귀여운 느낌입니다.

⑱ 同時アクセスで、サイトがダウン
どう じ

一度にたくさんの人が同じサイトにアクセスしたので、サーバが止まってしまうことです。	This means that because many people accessed the same site all at once, the server goes down.	即同一时间内网站的点击量过大，造成服务器瘫痪。	한꺼번에 많은 사람이 같은 사이트에 접속해서 서버가 멈춘 상태를 말합니다.

⑲ ぎりぎり

目的や目標にやっと届く程度という意味を表す擬態語です。	This is an onomatopoeia that expresses the meaning of just reaching one's goal or purpose.	拟态词。指勉强达到目的，够到目标的意思。	'목적이나 목표에 가까스로 닿는 정도'의 의미를 가진 의태어입니다.

⑳ 既読
き どく

もう読んだという意味です。LINEでは相手がメッセージを読むとこのマークが付きます。	This means "Already read." This is marked on LINE when the person receiving a message reads it.	已经看到了的意思。在用LINE给对方发送消息时，如果对方打开看了就会带上"既读"的标识。	보낸 문자를 읽었다는 뜻입니다. LINE에서 상대방이 메시지를 읽었을 때 나타나는 표시입니다.

㉑ うるう年
どし

4年に1度1年が366日ある年のことです。	The year every 4th year that has 366 days (leap year).	每四年会有一年有366天。那一年即为"うるう年（闰年）"。	4년에 한 번, 1년이 366일이 되는 해를 말합니다.

㉒ メタボ検診
けんしん

「メタボリックシンドローム」の略です。メタボリックシンドロームの検査、診察のことです。	"Metabo" is short for "メタボリックシンドローム(metabolic syndrome)." So the term refers to a checkup or examination for metabolic syndrome.	"メタボ"是"メタボリックシンドローム"的略称。指代谢综合征的检测，诊断。	"メタボリックシンドローム (메타볼릭 신드롬)"의 줄임말입니다. 대사 증후군 검사를 말합니다.

㉓ 元も子もない
もと こ

全部をなくすという意味です。元は「元金」、子は「利子」のことで、利子だけでなく元々のお金も失うというところからきています。	This means to lose everything. "Moto" comes from "元金(principal)," while "ko" comes from "利子(interest)." So it means losing not just the interest, but the principal money as well.	"本利全无"的意思。"元"指本金。"子"指利息。指利息和本金都没了。这句话的意思便是由此引申而来。	전부를 잃다'라는 뜻입니다. '元'는 '원금', '子'는 '이자'를 가리켜, 이자뿐만이 아니라 원금도 잃는다에서 유래했습니다.

㉔ 上の空
うわ そら

他のことが気になって、そのことに注意が向かないという意味です。	This means getting caught up in something else, so you cannot focus on what you should be doing.	指注意力被别处所吸引，集中不到当前的事情上。	'딴 데 정신이 팔려서 주의력이 없는 상태' 라는 뜻입니다.

㉕ インスタ映え
ば

インスタグラム（写真共有SNS）に写真をアップしたときに、すばらしく見える（＝映える）という意味です。

This refers to when you upload a photo to Instagram (photo-sharing SNS) and it looks wonderful (=shines).

即将照片上传到Instagram（分享照片等的社交平台）上时，照片很好看，看上去效果很好（＝映える）的意思。

인스타그램에 사진을 올렸을 때 잘 나온다(＝映える)는 뜻입니다.

㉖ にわかファン

「にわかに」は物事が急に起こる様子で、それまでファンではなかったのに、突然ファンになった人という意味です。

This refers to someone who "にわかに (suddenly)" becomes a fan when something happens, even though they weren't before.

"にわかに" 指事情突然发生的样子。"にわかファン" 指原来不是粉丝，突然成为粉丝的人。

"にわかに" 는 어떤 일이 갑자기 일어나는 모양으로, 그전까지는 팬이 아니었는데 갑자기 팬이 된 사람을 뜻합니다.

㉗ 目がない
め

夢中になっていて、とても好きという意味です。

This means being entranced and totally in love.

即沉迷于某件事物，十分喜欢的意思。

'푹 빠져서 아주 좋아한다'라는 뜻입니다.

㉘ 一発屋
いっぱつや

一度だけ、あるいは、一時的に活躍した歌手や芸人、スポーツ選手のことを表します。

This refers to a singer, entertainer or athlete who is successful just one time or briefly.

指只红了一次，或只火了短短一段时间的歌手、搞笑艺人、运动员等。

잠깐 반짝하고 인기가 있었던 가수, 개그맨, 스포츠선수를 나타냅니다.

㉙ 手が出ない
て　で

高すぎて買えないという意味です。「この問題には手が出ない」のように自分の力ではできないという意味にも使います。

This means something is too expensive to buy. It is also used to mean you cannot handle something, as in "この問題には手が出ない."

指价格太高，买不下手的意思。在 "この問題には手が出ない" 中，则指凭自己的能力解决不了某个问题。

너무 비싸서 못 산다는 뜻입니다. "この問題には手が出ない" 처럼 자기 힘으로는 할 수 없다는 뜻으로도 쓰입니다.

㉚ コミケ

「コミックマーケット」の略です。コミックマーケットとは世界最大の同人誌即売会のことです。

This is short for "コミックマーケット(comic market)." The comic market is the world's largest fanzine convention.

是 "コミックマーケット(Comic Market)" 的略称。即世界上规模最大的同人志展销会。

"コミックマーケット(코믹마켓)" 의 줄임말로, 세계 최대 규모의 동인지 직판 행사입니다.

㉛ かいがある

努力や苦労をしたのと同じぐらい良い結果が得られるという意味です。

This means you can get a good result because you've already put in the work or paid your dues.

意思是，所付出的努力和辛劳得到了相应的好结果。

노력이나 고생을 한 만큼 좋은 결과를 얻는다는 뜻입니다.

㉜ 人材紹介サイト
じんざいしょうかい

就職先や転職先を紹介するホームページのことです。

This refers to a home page that introduces companies with open jobs.

介绍工作（就职、转行或跳槽）的网页。

취직, 이직 자리를 소개하는 홈페이지를 가리킵니다.

㉝ 就活
しゅうかつ

「就職活動」の略です。

This is short for "就職活動 (job-hunting)."

"就職活動" 的略称。

"就職活動(취업준비)" 의 줄임말입니다.

待遇表現
たいぐうひょうげん

Honorific, Humble and Polite Expressions

待遇表現 / 대우표현(경어)

日本人は、話す相手によって話し方を変えます。初対面の人や目上の人に対しては敬意を表す丁寧な話し方を、家族や友だちに対しては身近な感覚でカジュアルな話し方をします。その話し方を間違えると、コミュニケーションが何となくギクシャクしてしまいます。たとえば、あいさつ。目上の人があなたに「おはよう」と言った時、あなたも同じように「おはよう」と言うと、相手に失礼になってしまいます。あなたは、「おはようございます」と丁寧な言い方をしたほうがいいのです。相手によって話し方を変えることを意識すると、日本語会話でのコミュニケーションが円滑になります。

Japanese alter how they address others depending on the person they are talking to. When meeting someone for the first time, or when talking to someone older, you should choose polite language that reflects respect. With your family and friends, you can speak in a casual manner, with a feeling of closeness reflected in the language. If you make a mistake about what kind of language to use, your communication with the person becomes awkward. For instance, greetings. When someone older greets you by saying "Ohayoo (good morning)," if you reciprocate with the same and say "Ohayoo" back, that makes it rude. It is better if you say the politer expression "Ohayoogozaimasu." Having an awareness to alter your language and expressions according to the person you are speaking to will make your communication in Japanese smoother.

日本人会根据说话的对象改变说话方式。对于初次见面的人，或社会地位在自己之上的人，为了表示敬意，会使用更为礼貌的说话方式。对于家人和朋友，则会用距离感较近的日常随意的说话方式。如果用错说话方式的话，交流就会产生摩擦与矛盾。比如，在问候"早上好"时，当社会地位在你之上的人向你说"おはよう"时，你如果回复同样的"おはよう"就会显得很失礼。这时你应该用"おはようございます"这一更为礼貌的说法。注意结合对方的实际情况来使用恰当的说话方式，可以使日语交流更加顺畅。

일본사람은 상대에 따라 화법을 바꿉니다. 처음 만난 사람, 윗사람에게는 경의를 표현하는 정중한 화법을 쓰며 가족이나 친구들에게는 캐주얼한 화법을 씁니다. 화법을 잘못 쓰면 원활한 의사소통이 되지 않습니다. 인사를 예를 들어 보면, 나보다 윗사람이 "おはよう"라고 했을 때, 여러분도 "おはよう"라고 하면 상대방에게 실례가 됩니다. 이때는 "おはようございます"라고 정중하게 이야기 하는 게 좋습니다. 이 점을 의식해서 대화한다면 원활한 일본어 커뮤니케이션이 됩니다.

Unit

5

会話が長くなり、内容がより具体的になります。
ことわざ・慣用句を使った遊び心のある会話も
学びましょう。敬語や気遣いのある表現も練
習しましょう。

The dialogs become longer, and the contents are
more specific. Let's learn the dialog with a sense
of play in it, using proverbs and idioms. Also,
practice Keigo, honorific expressions and ex-
pressions of consideration.

接下来，会话的长度将会增加，内容也会更加具体。在
这里，会学习一些运用了俗语和惯用句打趣的说法。同
时也会对敬语的运用和一些表示关心的说法进行练习。

회화가 길어지고 내용이 더욱 상세해집니다. 속담이나 관용
구를 사용하여 센스있는 표현도 배워 봅시다. 경어나 배려의
표현도 연습해 봅시다.

レベル 5	初級 Beginner 初学者　초급		初中級 Pre-intermediate 初学者-中級　초중급		中級 Intermediate 中級　중급
	◎ 尊敬語 / 謙譲語 ◎ 擬音語 / 擬態語 ◎ ことわざ ◎ 慣用句	Honorific/Hum- ble expressions Onomatopoeia Proverbs Idioms	尊敬/自謙語 拟声/拟态词 俗语 慣用句	존경어/겸양어 의성어/의태어 속담 관용구	◎ ～ておいて ◎ ～てくれるなら ◎ ～ことだ ◎ ～以上に ◎ ～次第 ◎ ～以来 ◎ ～つつ etc

1 A：来週は、しばらく北海道なんだ。

Ⓒ B：へー、夏の北海道か。いいね。旅行？

A：ただの出張。でも、おいしいもの食べたいなー。

B：お土産、よろしく。期待してるから。

2 A：うわー、日焼けしたね。どこか行ってきたの？

Ⓒ B：うん、ちょっとハワイ①にね…。

A：え、本当？

B：行きたいな〜と思いながら、プールで日焼け。

3 A：薬局って、このへんにありましたっけ？

B：えーと、駅のそば。南口にありましたね。

A：あ、そうでした。この時間、まだ開いてますかね。

B：ええ、開いてるはずですね。24時間営業だから。

4 A：日本に来て一番びっくりしたことって何？

Ⓒ B：ビックリしたことね。食事のときに静かなことかな。

A：そう？　静かかなー。それが当たり前で気が付かなかった。

B：うん。電車の中とかも静かでびっくりした。

5 A：ブランド品はやっぱりアフターケアがいいよね。

Ⓒ B：そうそう！

A：この前、かばんの持ち手が壊れたとき、すぐに直してくれたしね。

B：え、持ち手が取れちゃったの？　ブランド品なのに？

（コンビニで公共料金の支払い）

6 A：これ、払えますか？

B：こちらは郵便局専用の払込み用紙になってますので…。

A：あー、そうですか。じゃー、これは大丈夫ですか？

B：はい。大丈夫です。2680円ですね。

1

A : I will be in Hokkaido for awhile next week.

B : Really? Hokkaido in summer. Nice. Are you traveling?

A : Just a business trip. But I'd like to eat something tasty.

B : Remember to get me a souvenir please. I will be looking forward to it.

A：下周我要去北海道待一段时间。

B：夏天去北海道啊。不错嘛。是去旅行吗?

A：就是出差而已。不过,还是想去吃点好吃的。

B：那特产就拜托了。我可是很期待的哦。

A : 다음 주는 당분간 홋카이도야.

B : 오~여름 홋카이도라니 좋은데. 여행?

A : 그냥 출장. 그래도 가서 맛있는 거 먹고 싶다.

B : 선물 부탁해. 기대하고 있을 테니까.

2

A : Wow, you got a tan. Have you been away?

B : Yeah, to Hawaii.

A : Oh, really?

B : While that is what I wanted to do, I actually got the tan at a swimming pool.

A：哇,你晒黑了好多啊。这是去了哪儿啊?

B：我去夏威夷逛了逛。

A：诶? 真的吗?

B：我也就是想想,这是在泳池里晒的。

A : 와~ 많이 탔네. 어디 갔다 왔어?

B : 응, 저기 하와이에.

A : 진짜?

B : 가고 싶다고 생각하면서 수영장에서 태웠지.

3

A : Is there a pharmacy around here, I wonder?

B : Let me see…it's near the station. I believe it was at the south exit.

A : Yes, that is right. I wonder if it's still open at this hour.

B : Sure, it should be. They are open 24 hours.

A：这附近有药店吗?

B：那个,车站旁边有。南口那边。

A：啊,这样啊。这会儿不知道还会不会开着。

B：应该还开着。24小时营业的。

A : 약국이 이 근처에 있던가요?

B : 역 옆에요. 남쪽 출구에 있어요.

A : 그래요? 이 시간에 문 열었을까요?

B : 아마 열었을 거예요. 24시간 영업이니까.

4

A : What is the most surprising thing you found in Japan.

B : A surprising thing. Perhaps that people are quiet when having meals.

A : Really? Are we quiet? I took that for granted so I never noticed.

B : Yeah, I was surprised that it was very quiet on the train, too.

A：来到日本最让你吃惊的是什么?

B：吃惊的事啊。吃饭的时候很安静这一点吧?

A：这样吗? 安静吗? 习以为常了,都没意识到。

B：嗯,电车里也很安静,这也让我吃了一惊。

A : 일본에 와서 제일 놀란 게 뭐야?

B : 놀란 거라고 하면 밥 먹을 때 조용한 거?

A : 그래? 조용한가? 당연한 거라 몰랐어.

B : 응. 전철 안에서도 조용해서 놀랐어.

5

A : After sale service is good for brand-name goods, after all.

B : I agree!

A : The other day, when the strap to my bag got broken, they fixed it right away, you know.

B : What? The bag strap came off? Even though it is a brand-name product?

A：品牌产品的售后服务果然到位。

B：对对对!

A：之前我包的提手坏了,他们马上就帮我修好了。

B：诶? 提手掉了吗? 这可是品牌产品啊!

A : 명품은 역시 애프터서비스가 좋네요.

B : 맞아 맞아.

A : 얼마 전에 가방 손잡이가 망가졌을 때, 바로 고쳐주더라고요.

B : 손잡이가 망가졌어? 명품인데?

(Paying for Utility Bills at a Convenience Store)

(在便利店进行生活缴费)

(편의점에서 공공요금 지불하기)

6

A : Can I pay with this?

B : I am sorry, this is a payment form specifically for the post office.

A : Oh, I see. Then would this one work?

B : Yes. It does. That's 2680 yen.

A：这里能付这个的钱吗?

B：您这个是邮局专用的汇款单……

A：啊,这样啊。那这张可以用吗?

B：这张可以用。一共是2680日元。

A : 이거 여기에서 낼 수 있나요?

B : 이건 우체국 전용 용지라서요….

A : 그래요? 그럼 이건 되나요?

B : 네, 됩니다. 2680엔입니다.

1
🌀

A : ねーねー、あの丸い眼鏡をかけてマフラーしている男の人…。どっかで見たことない？

B : あー、あの人ね。隣のコンビニの店長でしょう？

A : あ、そうだね。制服じゃないとわかんないね。

B : うん。意外とおしゃれなんだね。

2
🌀

A : 低カロリーで健康にいい食べ物って何でしょうか？

B : そうだな〜、こんにゃくとか豆腐とか…。

A : なんだか、値段の安いものばかりですね。

B : そうそう、ぜいたくしなくても健康になれるんだよね。

（歯医者で）

3

A : あー、奥歯が虫歯になってますねー。痛みますか？

B : はい、時々、ズキズキ②します。

A : じゃ、麻酔をして、悪いところを削っていきますね。

B : はい。お願いします。

4
🌀

A : ハックション！ ハックション！

B : あれ？ 花粉症？

A : いや。この卵料理、こしょうが効いてて。ハックション！

B : 誰かが噂してる③のかもよ。

（書店で）

5

A : わー、手帳、いっぱい並んでますね。いろんな種類がありますね。

B : ホントですね。私は毎年これ。月曜始まりがいいんです。

A : 僕はこのB6サイズのが好きです。月カレンダーで全体がよく見えて。

B : 手帳カバーも重要ですよね。何色にしようかな。

6
🌀

A : これから毎朝、みそ汁を作ってくれない④？

B : え？ それってプロポーズ？ 逆に作ってくれるなら。

A : え？ うん、うん。作る。毎日、作るよ。

B : ははは。はい！ よろしくお願いします。

1

A : Hey, that man with a pair of round glasses and scarf…haven't we seen him somewhere?

B : Oh, that man. He is the manager of the convenience store next door.

A : Oh, that's right. Without his uniform, I didn't recognize him.

B : Yeah, he dresses nicely, which was not what I expected.

A : 那什么，那个戴着圆眼镜系着围巾的男人，是不是在哪儿见过？

B : 啊，那个人呐，是隔壁便利店的店长呀。

A : 啊，是他。他没穿工作服，我都没认出来。

B : 嗯，竟然还挺会打扮的。

A : 있잖아, 저기 동그란 안경 쓰고 머플러 한 남자…. 어딘가에서 본 적 있지 않니?

B : 아~ 저 사람 말이야? 옆 편의점 점주잖아.

A : 맞네. 유니폼을 안 입으면 못 알아보겠어.

B : 응. 의외로 세련되게 입었네.

2

A : What food is low in calories but good for your health?

B : Well, let me think… Konnyaku and tofu, etc…

A : Sounds like they are all cheap things.

B : That's right, you can be healthy without spending a lot.

A : 低热量又健康的食物有哪些？

B : 有哪些呢……魔芋啊豆腐啊什么的。

A : 感觉都是些便宜的东西呢！

B : 对对对，不用花大价钱也可以拥有健康。

A : 저칼로리에 건강에 좋은 음식이 뭐가 있을까요?

B : 어디보자…. 곤약같은 거나 두부같은 거나….

A : 가격이 싼 게 많네요.

B : 맞아. 비싼 거 안 먹어도 건강해질 수 있지.

(At a Dental Clinic) — *(看牙医时)* — (치과에서)

3

A : Oh, your back tooth has a cavity, I see. Does it hurt?

B : Yes, it throbs sometimes.

A : Then, I will give you a shot of anesthetic and grind out the bad part.

B : I see. Please go ahead.

A : 啊，后槽牙长蛀牙了。疼吗？

B : 是的，时不时地就会一抽一抽地疼。

A : 那我给你打个麻醉，把蛀掉的地方削掉吧。

B : 好的，拜托了。

A : 아~ 어금니가 썩었네요. 아프세요?

B : 네, 가끔 욱신거려요.

A : 그럼 마취하고 아픈 곳을 치료하겠습니다.

B : 네, 부탁합니다.

4

A : Achoo! Achoo!

B : Whoa? Hay fever?

A : No. This egg dish has a lot of pepper in it. Achoo!

B : Maybe someone is talking about you.

A : 阿嚏！阿嚏！

B : 怎么了？花粉症？

A : 不是。这个鸡蛋做的料理，胡椒味有点重。阿嚏！

B : 没准是有谁在说你闲话。

A : 에취! 에취!

B : 꽃가루 알레르기야?

A : 아니. 이 달걀 요리에 후추가 들어가서. 에취!

B : 누가 네 얘기를 하는 건지도 모르지.

(At a Bookstore) — *(在书店)* — (서점에서)

5

A : Wow, diaries. There are so many. All kinds of them.

B : Yes there are. I use this one every year. It starts with Monday and I like it.

A : I like this B6-size. The monthly calendar lets me see the whole schedule.

B : The diary cover is important, isn't it? What color should I chose?

A : 哇！陈列着好多手账本啊！还有好多种类。

B : 真的诶！我每年买的都是这个，比较喜欢这种从星期一开始记的。

A : 我喜欢这种B6大小的。能看清楚整个月的日历。

B : 手账的封皮很重要。选那个颜色好呢？

A : 수첩이 많이 있네요. 종류도 많고요.

B : 그러네요. 저는 매년 이거(써요). 월요일부터 시작하는게 마음에 들어요.

A : 저는 이 B6 사이즈를 좋아해요. 월간 스케줄이 잘 보이거든요.

B : 수첩 커버도 중요하죠. 무슨 색으로 하지?

6

A : Would you make me a miso soup every morning from now on?

B : What? Is that a (marriage) proposal? How about if you make it for me?

A : What? Sure, sure. I will. I will make it every day.

B : Hahaha! Yes! I will be yours.

A : 从今往后，你能每天都煮味增汤给我喝吗？

B : 诶？你这是在跟我求婚？如果你能给我做的话我就答应。

A : 诶？嗯，嗯！煮！每天都煮！

B : 哈哈哈。好的！那就拜托了。

A : 앞으로 아침마다 된장국 끓여주지 않을래?

B : 뭐? 그거 프러포즈야? 네가 해 준다면.

A : 어? 응. 응. 해 줄게. 매일 해 줄게.

B : 하하하. 좋아! 잘 부탁합니다.

（仕事中の電話）
しごとちゅう でんわ

1 A：はい。さくらファミリー株式会社、林でございます。
かぶしきがいしゃ はやし

F B：お世話になっております。未来株式会社の高橋です。
せ わ みらい かぶしきがいしゃ たかはし

A：お世話になっております。
せ わ

B：総務部の山本部長様、いらっしゃいますでしょうか。
そう む ぶ やまもと ぶちょうさま

2 A：あれ？ この時計、くるってない？
とけい

C B：うん。わざと5分早くしてるの。遅刻しないように。
ごふんはや ちこく

A：でも、あまり効果ないよね。田中さんいつもぎりぎりじゃない。
こうか たなか

B：あー、ごめん。気をつけるよ。
き

3 A：もう一度、最終チェックしようか。
いちど さいしゅう

D B：そうですね。念のため。ミスがあったら二度手間⁵ですからね。
ねん にどてま

A：そうだね。急がば回れ⁶だ。
いそ まわ

B：はい。じゃ、リストのチェックから始めましょうか。
はじ

4 A：洗濯物、乾いてる？
せんたくもの かわ

C B：うーん。どうかな。少しまだ湿ってるかな。
すこ しめ

A：思った以上に時間かかるね。
おも いじょう じかん

B：そうだね。気温と湿度次第だね。
きおん しつどしだい

5 A：参加者名簿の作成、明日までにお願いできる？
さんかしゃめいぼ さくせい あした ねが

D B：あ、すみません。申請書の締め切りが明日までで、明後日でよければ。
しんせいしょ し き あした あさって

A：忙しそうだね。じゃ、いいや。他の人に頼むよ。
いそが ほか ひと たの

B：すみません。今は猫の手も借りたい⁷ぐらいなんです。
いま ねこ て か

6 A：課長、おはようございます。
かちょう

D B：おはよう。

A：昨日はごちそうさまでした。色々なお話を伺えて、楽しかったです。
きのう いろいろ はなし うかが たの

B：楽しかったね。また行きましょう。
たの い

⑤⑥⑦ ➡ p.148

(A Phone Call at Work) | (工作中的电话) | (직장에서의 전화)

1
A : Hello. This is Hayashi of the Sakura Family Company.
B : Hello, how are you? (lit. we have been in your care.)This is Takahashi of Mirai Corporation.
A : Fine, thank you. And you? (lit. We have been in your care.)
B : Is Manager Yamamoto of the General Affairs Department available?

A：你好，这里是Sakura Family股份有限公司。我是林。
B：承蒙关照，我是未来股份有限公司的高桥。
A：承蒙关照。
B：请问总务部的山本部长在吗？

A : 여보세요. 사쿠라 패밀리 주식회사, 하야시입니다.
B : 안녕하세요. 미라이 주식회사 다카하시입니다.
A : 네, 수고 많으십니다.
B : 총무부 야마모토 부장님 계십니까?

2
A : Oh? Isn't this clock off?
B : No. I set it 5 minutes early on purpose. So I will not be late.
A : But it is not working very well. Mr. Tanaka, you are always rushing.
B : Oh, sorry, I will be careful.

A：咦？这个钟是不是不准啊？
B：嗯，我为了不迟到，故意调快了5分钟。
A：不过没什么效果啊。田中你一直都是踩着点到的。
B：啊，抱歉，我会注意的。

A : 어? 그 시계 안 맞지 않아?
B : 응, 일부러 5분 빠르게 해 놨어. 지각 안 하려고.
A : 별로 효과 없잖아. 다나카 항상 아슬하게 도착하잖아.
B : 아~ 미안. 조심할게.

3
A : Shall we make a final check, one last time?
B : Yes. Just in case. If there is an error, then we'd have to do it all over again.
A : That is true. It's "haste makes waste."
B : OK. Then shall we start with checking the list?

A：在进行一次最终校对吧。
B：说得也是，保险起见。万一有错，又要再费一次功夫。
A：是啊。俗话说欲速则不达嘛。
B：确实。那就从核对列表开始吧？

A : 한 번 더, 마지막 체크해 볼까.
B : 그게 좋겠어요. 만약을 위해서요. 실수하면 다시 해야 하니까요.
A : 그렇지. 바쁠수록 돌아가야지.
B : 네. 그럼 리스트 체크부터 할까요?

4
A : Is the laundry dry?
B : Um. I am not sure. It still feels a little damp.
A : It is taking longer than expected.
B : Yes. It depends on the temperature and humidity, doesn't it?

A：洗的衣服干了吗？
B：怎么说呢，还有一点潮。
A：比预想的费时间呢。
B：是啊。得看气温和湿度了。

A : 빨래 다 말랐어?
B : 글쎄. 아직 좀 덜 마른 것 같은데.
A : 생각보다 시간이 걸리네.
B : 그러게. 기온하고 습도에 달렸네.

5
A : Can I ask you to create a list of participants by tomorrow?
B : Oh, I am sorry. The deadline for the application is tomorrow, so I can do it if the day after tomorrow works for you.
A : You seem busy. OK then, I will ask somebody else.
B : I am sorry. I am swamped up to my neck at the moment.

A：参加者的名单，明天之前能完成吗？
B：啊，不好意思。明天是提交申请书的截止日期，名单能不能后天交？
A：看来你很忙啊。那我拜托别人好了。
B：抱歉，我现在真是忙得不可开交。

A : 참가자 명단 작성, 내일까지 부탁해도 될까?
B : 죄송합니다. 신청서 마감이 내일까지라서요. 모레라도 괜찮으시면 하겠습니다.
A : 바쁜가 보네. 그럼 됐고, 다른 사람한테 부탁하지.
B : 죄송합니다. 지금 일손이 부족해서요.

6
A : Good morning, chief.
B : Good morning.
A : Thank you very much for treating us yeasterday. I enjoyed talking about various topics.
B : It was fun. Let's do it again.

A：课长，早上好。
B：早。
A：昨天多谢款待。还聊了很多，真的很开心。
B：确实很开心。我们下次再一起去吧。

A : 과장님, 좋은 아침입니다.
B : 좋은 아침~.
A : 어제 잘 먹었습니다. 말씀도 많이 듣고 재미있었습니다.
B : 재미있었지. 또 가지.

1 A：今、ピンポーン⁸って鳴らなかった？

Ⓒ B：え〜、気のせいじゃない？

A：ちょっと、見てきてくれない？

B：も〜、気になる人が自分で見てくれば〜。

2 A：ねー、シャツ見て。これとこれ、今日どっちの方がいいと思う？

Ⓒ B：どっちかって言えば、こっちかな。

A：そう？　でも、こっちの方がよくない？

B：なーんだ！　人に聞いといて、もう決まってるんだ！

3 A：あれ？　このリモコン、壊れてませんか？

Ⓓ B：あれ、さっき電池かえたのに？

A：うん、変ですね。

B：電池の向きが違うのかなー。

4 A：明日の約束忘れないでね。

Ⓒ B：大丈夫だよ。たぶん…。

A：え、たぶん？

B：冗談。私、忘れたことないから。

5 A：そう言えば、昨日、佐藤さんに会いましたよ。

B：へー、元気でしたか？

A：はい、全然変わってなかったです。

B：へえ、それ、いい意味ですか？

6 A：ねー、歯に青のりついてない？

Ⓒ B：うん、大丈夫。私は？

A：あ、なんか、右のほうについてるよ。

B：ありがとう。助かったよ。

1

A : Didn't it ring ding-dong just now?

B : Really? Isn't it your imagination?

A : Would you just go and see?

B : No, the person who wants to know should go and see.

A : 刚刚是不是门铃响了?

B : 诶? 你听错了吧?

A : 你能帮我去看一眼吗?

B : 真是的, 谁在意谁自己去看去。

A : 지금 딩동 하고 울리지 않았어?

B : 어? 기분 탓인 거 아냐?

A : 좀 보고 와 줄래?

B : 뭐야~ 궁금한 사람이 보고 오라고~.

2

A : Hey, would you take a look at these shirts. This and this, which one would be good today?

B : If you ask me, then perhaps this one.

A : Really? But wouldn't this be better?

B : Oh well, you asked me but you already know what you want!

A : 来看看衬衫, 这件和这件, 你觉得今天穿哪件比较好?

B : 要挑一件的话, 还是这件吧。

A : 这样吗? 但是不觉得这边这件更好吗?

B : 什么嘛! 那还问别人干嘛, 你这不都已经决定好了吗?

A : 셔츠 좀 봐 줘. 이거랑 이거 중에 오늘은 뭐가 괜찮아?

B : 딱 집어서 말하자면 이쪽?

A : 그래? 그렇지만 이쪽이 더 낫지 않아?

B : 뭐야, 기껏 대답해 줬더니 벌써 정해 놨네.

3

A : Oh? Isn't this remote control broken?

B : Really? I changed the battery a minute ago.

A : Really, strange, isn't it?

B : I wonder if the battery is facing the wrong way.

A : 咦? 这个遥控器是不是坏了?

B : 咦? 刚刚才换的电池啊。

A : 有点奇怪。

B : 是不是电池装反了?

A : 어? 이 리모컨 망가지지 않았어요?

B : 어라? 금방 건전지를 바꿨는데?

A : 응, 이상하네요.

B : 넣는 방향이 다른가?

4

A : Don't forget the appointment tomorrow.

B : It will be fine. I think…

A : What? You think?

B : Just kidding. I have never forgotten an appointment.

A : 别忘了明天的约定啊!

B : 不会忘的……吧?

A : 诶? 吧?

B : 开玩笑的。我什么时候忘过。

A : 내일 약속 잊지 마.

B : 괜찮아. 아마….

A : 아마?

B : 농담이야. 약속 잊어버린 적 없어.

5

A : Speaking of him/her, I saw Mr/s. Sato yesterday.

B : Really? How was s/he?

A : Well, s/he hasn't changed a bit.

B : Oh, do you mean that in a good way?

A : 说起来, 我昨天见到佐藤了。

B : 诶? 他(她)还好吗?

A : 嗯, 感觉完全没什么变化。

B : 这是, 褒义?

A : 그러고 보니 어제 사토상을 만났어요.

B : 어머, 잘 지내요?

A : 네. 하나도 안 변했더라고요.

B : 그거, 좋은 뜻이에요?

6

A : Hey, do I have seaweed stuck in my teeth?

B : No, you're fine. What about me?

A : There, I see some on the right side.

B : Thanks. Now it's better. (lit. I am saved.)

A : 我牙齿上有海苔吗?

B : 没有。我呢?

A : 啊, 右边好像沾上了。

B : 谢谢, 帮大忙了。

A : 있잖아. 이에 김 붙어있지 않아?

B : 응, 괜찮아. 나는?

A : 오른쪽에 붙어 있어.

B : 고마워. 다행이다.

1 A：あー。消えちゃった！

B：どうしたの？

A：インスタ、アップしようとしてるんだけど、消えちゃった。

B：あー、あるある。この前、私も2回連続で消えて、心折れたよ[9]。

2 A：もしもし？　もしもし？

B：あー、スマホのバッテリーが切れそう。どうしよう。

A：モバイルバッテリーとか持ってないの？

B：あー、持ってる、持ってる！　ちょっと待ってて。

3 A：もしもし。山田です。着信[10]あったんですけど。

B：あ、山田くん、ごめん。さっき間違えてかけちゃって。

A：あ、そうでしたか。

B：ごめんね。わざわざ、かけ直してくれて。

（観光地で）

4 A：あ、このサイン見て。ここドローン禁止なんだ。

B：本当だ。確かに眺めがいいし、撮りたい人もいるだろうね。

A：ここ神社だし、山の上だから風もあるし。

B：そうだね。危ないからね。

5 A：昨日のしゃぶしゃぶ、食べ飲み放題で2980円だったよ。

B：けっこう安いね。なんてお店？

A：名前は何だったかな。中野駅、しゃぶしゃぶで検索すると出てくるよ。

B：あ、ここかな？　すごい！　4.3ポイント。人気店だね。

6 A：このパソコン、誰か使ってますか？

B：あ、それ落とし[11]といて。

A：あれ、このWord、どうしましょう。

B：あ、保存しといて。

1

A : Oh, it's gone! (lit. It has disappeared.)

B : What's the matter?

A : I've been trying to upload to Instagram, but it's gone.

B : Oh, it happened to me, too. The other day mine disappeared twice in a row, I was crushed (lit. my heart was broken).

2

A : Hello? Hello?

B : Oh no, the battery to my smartphone is about to die. What am I going to do?

A : Don't you have something like a mobile battery?

B : Yeah, sure, I have it! Just hang on a second.

3

A : Hello. This is Yamada. I received a call but…

B : Oh, Mr. Yamada, sorry. I accidentally called you a little while ago.

A : Oh, I see.

B : I am sorry. Thank you for taking the time to return my call.

(At a Sightseeing Spot)

4

A : Hey, look at this sign. Drones are prohibited here.

B : You're right. I can see the view is nice, so there will be some people who want to take pictures.

A : It's a shrine here, and on top of the mountain, so it's windy.

B : That's right. It is dangerous.

5

A : Shabushabu yesterday was 2980 yen for all you can eat and drink.

B : It's quite cheap. What's the name of the restaurant?

A : What was it? If you search with Nakano station, shabushabu, it will come up.

B : Oh, maybe this is it. Wow! The rating is 4.3 points. Its a popular restaurant.

6

A : Is anyone using this computer?

B : Oh, please turn it off.

A : But what shall I do with this Word doc.?

B : Save it, please.

A : 啊，闪退了。

B : 怎么了?

A : 我正往Instagram上传照片呢，然后就闪退了。

B : 啊，我也遇到过。我之前连着闪退了2次，太打击人了。

A : 喂? 喂?

B : 啊……我手机快没电了。怎么办。

A : 你没有充电宝吗?

B : 啊，我有我有，你等我一下。

A : 喂? 我是山田。我看到你给我打了电话。

B : 啊，山田。不好意思，刚才打错了。

A : 啊，这样啊。

B : 不好意思啊，还麻烦你特意给我打过来。

(在旅游景点)

A : 啊，看这个标志，这里禁止用无人机诶。

B : 真的诶。这里视野那么好，估计还挺多人想用无人机拍摄的。

A : 不过这里是神社，还是在山上，又有风。

B : 确实，挺危险的。

A : 昨天的涮锅，是2980日元的畅饮畅吃自助餐。

B : 挺便宜的啊。那店叫什么名字?

A : 店名叫什么来着。搜一下中野站、涮锅，应该就会出来的。

B : 啊，是这家吧? 厉害了，评分4.3。很有人气啊。

A : 这台电脑有谁在用吗?

B : 啊，关掉好了。

A : 咦? 这个Word怎么办?

B : 啊，先保存一下。

A : 어? 날아갔잖아!

B : 왜 그래?

A : 인스타그램 업글 하려는데 다 날아갔어.

B : 나도 그랬어. 얼마 전에 두 번 연속으로 날아가서 좌절했어.

A : 여보세요? 여보세요?

B : 아~ 폰 배터리가 떨어질 것 같아. 어쩌지?

A : 보조 배터리 없어?

B : 아~ 있어 있어! 잠깐만 있어 봐!

A : 여보세요. 야마다입니다. 전화 하셨다고요.

B : 아, 야마다 군, 미안. 잘못 건 거야.

A : 아, 그러세요?

B : 미안해. 일부러 걸어줘서.

(관광지에서)

A : 이 표지판 좀 봐. 여기 드론 금지구나.

B : 그러네. 전망도 좋고 찍고 싶어 하는 사람들도 있겠다.

A : 여기가 신사고, 산 위니까 바람도 불고.

B : 맞아. 위험하니까.

A : 어제 먹은 샤부샤부, 음료 무제한해서 2980엔이었어.

B : 엄청 싸다. 무슨 가게야?

A : 이름이 뭐더라. 나카노 역, 샤부샤부로 검색하면 나올 거야.

B : 여긴가. 우와, 4.3점이면 맛집이네.

A : 이 컴퓨터 누가 쓰는 중인가요?

B : 아, 그거 꺼 줄래.

A : 이 워드는 어쩌죠?

B : 저장해 줘.

133

1 A：もしもし。今日カットとシャンプーをお願いしたいんですが…。

F B：はい、ご予約は何時ごろがよろしいでしょうか。

A：そうですね、じゃ、3時でお願いできますか？

B：はい。大丈夫です。お名前うかがえますか？

（美容室で）

2 A：今日は、カット、どうなさいますか？

F B：あのー、この写真の髪型みたいにできますか？

A：ちょっとお借りします。はい。かしこまりました。

B：お願いします。

3 A：ジム、今日は空いてるけど、昨日はすごく混んでたよ。

C B：この時期、夏に向けて人が増えるんだよね。毎年そう。

A：そうね。使いたいマシーンが混んでて、順番待ち。

B：朝、早めに行くのがいいかもね。

4 A：あ、もう出なくちゃ。すみません。今日は早めに失礼しようかと。

D B：お、それはいいことだね。

A：はい、バレーボール、見に行くんです。日本対イタリア戦。

B：え、それはすごいね。楽しんで。

5 A：へー、草間彌生さんってこういう絵も描くんだ。面白いね。（パシャ）

D B：すみません。フラッシュのご使用はご遠慮ください⑫。

A：あ、ごめんなさい。

B：フラッシュなしでしたら、撮っていただいて結構です。

6 A：ピアノ、弾けるんだ。上手だね。僕も習ってたよ。3歳から。

C B：え！　すごいじゃん。

A：うん。4歳までだけどね。長い時間、椅子に座ってられなくって。

B：あー、想像できる。

1
A : Hello. I'd like to get a haircut and shampoo today…
B : Sure. What time would you like to make an appointment?
A : Let me see, well, how about 3 o'clock?
B : Sure. That is fine. May I have your name?

A : 喂？我想预约一下洗头和剪头。
B : 好的，您需要预约几点的呢？
A : 我想想，就3点吧。
B : 好的，没问题。请问您的名字是？

A : 여보세요. 오늘 컷이랑 샴푸를 하고 싶은데요….
B : 네, 예약은 몇 시로 하시겠습니까?
A : 그럼 3시에 가능한가요?
B : 네, 가능합니다. 성함이 어떻게 되시나요?

(At a Beauty Salon)
(在理发店)
(미용실에서)

2
A : How would you like to cut your hair?
B : Well, can you make it like the hairstyle in this photo?
A : Let me take a look. Yes. Certainly.
B : Please.

A : 今天要剪一个什么发型？
B : 那个，可以剪成照片这样的吗？
A : 借看一下。好的，了解了。
B : 那拜托了。

A : 오늘 컷은 어떻게 하시겠어요?
B : 저기…이 사진처럼 할 수 있을까요?
A : 잠깐만 볼게요. 네, 알겠습니다.
B : 부탁합니다.

3
A : The gym is empty today but yesterday it was very crowded.
B : There are more people coming at this time, getting ready for the summer. It's like that every year.
A : That's true. People are lined up for the machine I'd like to use, so I have to wait for a turn.
B : Perhaps it is better to go early in the morning.

A : 健身房今天空着诶，昨天人好多。
B : 这个时期，越到夏天人越多。每年都是这样。
A : 是说。想用的器械都被人占了，还要排队。
B : 或许早上早点去会好一点。

A : 피트니스가 오늘은 한산한데 어제는 엄청 복잡했어.
B : 이 시기는 여름휴가 때문에 사람이 늘어나니까. 매년 그래.
A : 맞아. 하고 싶은 기구도 사람이 많아서 기다려야 돼.
B : 아침에 일찍 가는 것도 좋을 듯해.

4
A : Oh, I have to go. I am sorry, I think I will take off early today.
B : Oh, that is a good thing, right?
A : Yes, I am going to watch volleyball. The Japan versus Italy game.
B : Wow, that is great. Enjoy the game.

A : 啊，必须要走了。不好意思，我今天先告辞了。
B : 哟，看来是有什么好事啊。
A : 是的。我要去看排球比赛。日本队对意大利队。
B : 诶？这就精彩了。看得开心！

A : 어, 이제 나가야지. 죄송한데 오늘은 먼저 실례하겠습니다.
B : 오, 좋은 현상이군.
A : 네. 배구 경기를 보러 가려고요. 일본 대 이탈리아 전이에요.
B : 대단한데? 재미있게 보라고.

5
A : Wow, Yayoi Kusama draws paintings like this one. Interesting, isn't it. (Snap.)
B : Excuse me. Please refrain from using the flash.
A : Oh, I am sorry.
B : You may take a photo if you don't use the flash.

A : 原来草间弥生画的画是这样的啊。真有意思。（拍照快门声）
B : 不好意思，请不要使用闪光灯。
A : 啊，抱歉。
B : 只要不开闪光灯就行，拍照是可以的。

A : 구사마 야요이는 이런 그림을 그리는구나. 흥미롭다.(찰각)
B : 죄송한데 플래시는 사용하지 마세요.
A : 죄송합니다.
B : 플래시를 안 쓰시면 찍으셔도 됩니다.

6
A : You can play the piano. You're very good. I took lessons too. From 3 years old.
B : Really? That's something.
A : Yeah. Until 4 years old, mind you. I couldn't sit at the chair for a long time.
B : Ah, I can imagine that.

A : 你会弹钢琴啊，还弹得很好。我也学过，从3岁开始学的。
B : 诶！那很厉害啊！
A : 嗯。不过只学到4岁。我坐不住。
B : 啊，可以想象。

A : 피아노 칠 줄 아는구나. 잘 치네. 나도 배웠었어. 세 살 때부터.
B : 오, 대단한데?
A : 응, 네 살까지였지만. 오래 못 앉아 있었거든.
B : 아~ 상상이 간다.

1 A : この靴、直りますか？
　 B : ええ、大丈夫ですよ。明日まででいいですか？
　 A : できれば、今日がいいんですけど。
　 B : わかりました。じゃー、夕方５時頃までにやっておきます。

2 A : すみません、こちらではお米、配達してもらえますか？
(F) B : はい、５キロから配達いたします。
　 A : じゃ、お願いします。
　 B : じゃ、ご住所、こちらにお書きください。

（家電売り場で）
3 A : あの、このコタツ、アメリカで使いたいんですけど。
(F) B : はい。こちらは１２０Ｖまで対応ですから、アメリカでしたら変換プラグが
　　　 あればお使いいただけます。
　 A : 変換プラグ？
　 B : ええ。プラグの形が違うので。

4 A : すみません、宅配便、お願いしたいんですけど。
　 B : はい、じゃ、この太枠の中に必要事項を書いてください。
　 A : あの、いつ頃、届きますか？
　 B : 福岡ですと、通常、明日の６時以降でしたら届きますが。

5 A : いらっしゃいませ。
(F) B : すみません、これクリーニングお願いします。
　 A : はい。えーと、ワイシャツ３枚とズボン１本ですね。メンバーズカードお
　　　 持ちですか？
　 B : えー、青いやつですよねー。あ、あった。はい。

（銀行で）
6 A : お伺いしておりますか？
(F) B : えっ？　あー、あのー、口座を作りたいんですが。
　 A : ご新規¹³ですね？　では、こちらの番号札をお取りになってお待ちください。
　 B : あ、はい。

1

A : Can you repair these shoes?

B : Yes, it can be done. Is it OK to fix them by tomorrow?

A : If possible, I'd like to get them done today.

B : I understand. Then I will have them repaired by 5 p.m. or so.

2

A : Excuse me, do you deliver rice?

B : Sure, we deliver if it's 5 kg or more.

A : Well, I'd like some.

B : Then please write down your address here.

(At a Home Appliances Store)

3

A : Excuse me, I'd like to use this kotatsu in the U.S.A.

B : Sure. This is compatible with up to 120V, so if you have a converter plug, you can use it there.

A : A converter plug?

B : Yes. The shape of the plug is different.

4

A : Excuse me, can I use the home delivery service?

B : Sure, please write down the necessary items inside the bold frame.

A : Well, when would it be delivered?

B : If it is to Fukuoka, normally it will get there after 6 p.m. the next day.

5

A : Welcome.

B : Excuse me, but would you dry-clean these?

A : Sure. Let's see, three shirts and one pair of pants, right? Do you have a member's card?

B : Oh, isn't it a blue one? There it is. Here.

(At the Bank)

6

A : Is anyone helping you?

B : Oh? Well, I'd like to open an account.

A : A new account, right? In that case, please take this number and wait for it to be called.

B : Oh, yes, I see.

A : 这个鞋子，能修吗?

B : 可以的，能修。明天之前帮你修好行吗?

A : 可以的话，最好今天能修好。

B : 明白了。那，傍晚5点之前我会修好的。

A : 不好意思，请问这里可以派送大米吗?

B : 可以的。5公斤以上可以派送。

A : 那，拜托了。

B : 请在这里写一下您的地址。

(在家电卖场)

A : 那个，我想在美国用这个被炉……

B : 这个被炉可以对应120V以下的电压，要在美国用的话，有插头转换器就可以。

A : 插头转换器?

B : 是的。因为插头的形状不一样。

A : 不好意思打扰一下，我想要寄个快递。

B : 好的，请把粗线框里的必要事项填写一下。

A : 大概几点能送到呢?

B : 送到福冈的话，一般在明天6点以后会送到。

A : 欢迎光临。

B : 你好，我要洗衣服。

A : 好的。我看看，3件白衬衫，1条裤子是吗? 您有会员卡吗?

B : 呃……蓝色的是吧。啊，找到了，给。

(在银行)

A : 已经有人问过您需要办理什么业务了吗?

B : 诶? 啊，那个，我想开个户。

A : 没有在我们这里开过户是吗? 请您取个号稍等一下。

B : 啊，好的。

A : 이 구두, 고칠 수 있을까요?

B : 네, 됩니다. 내일까지 하면 될까요?

A : 가능하면 오늘이 좋겠는데요.

B : 알겠습니다. 그럼 오후 5시쯤까지 해 놓겠습니다.

A : 저기요. 여기는 쌀도 배달해 주시나요?

B : 네, 5킬로부터 배달 가능합니다.

A : 그럼 해 주세요.

B : 여기에 주소를 써 주세요.

(가전제품 매장에서)

A : 이 고타쓰, 미국에서 쓰고 싶은데요.

B : 네, 이건 120V까지 가능하니까, 미국은 변압기가 있으면 쓰실 수 있습니다.

A : 변압기요?

B : 네. 플러그 모양이 달라서요.

A : 저기요. 택배를 보내고 싶은데요.

B : 네. 그럼 이 굵은선 안에 필요사항을 작성해 주세요.

A : 그럼 언제쯤 도착하나요?

B : 후쿠오카니까 보통 내일 6시 이후라면 도착할 것 같은데요.

A : 어서 오세요.

B : 저기요, 이거 드라이클리닝 좀 부탁드릴게요.

A : 네, 와이셔츠 세 벌, 바지 한 벌이네요. 회원카드가 있으세요?

B : 파란색 말이죠? 아 있네요. 여기.

(은행에서)

A : 상담 기다리시는 중이신가요?

B : 네? 저기…계좌를 만들고 싶어서요.

A : 신규 말씀이시죠. 그럼 이 번호표를 뽑고 기다려 주세요.

B : 네.

1 A：切りがよかったら^⑭こっちでコーヒー飲まない？

Ⓒ B：うん。もうちょっと待ってて。

A：じゃ、いれとくね。

B：ありがとう。すぐ行く。

2 A：どう？　今日、焼き肉行かない？

Ⓒ B：焼き肉か～、一昨日、食べ放題で、いやっていうほど肉を食べたんだよね。

A：へー、いいなー。じゃ、今日もそこ行かない？

B：だから～！^⑮

3 A：もうすぐクリスマスだね。何か予定ある？

Ⓒ B：ううん。何も。このままだとバイトだね。

A：そうか。じゃ、だめもと^⑯で合コンしてみる？

B：そうね。いい出会いがあるかもね。

4 A：ねー、今度またディズニーランドに行こうよ。

Ⓒ B：え～。また～。そのうちね。

A：そのうちっていつ？

B：うーん。そりゃ、そのうちは、そのうちだよ。

5 A：来週末、近場の温泉とか、小旅行に行きたいな。

Ⓒ B：いいね。バスツアーが楽かもね。今ならいちご狩り^⑰とかも。

A：そうだね。いくらぐらいからあるのかな。

B：うん。ちょっと検索してみるね。

6 A：森さんの結婚式っていつでしたっけ？

B：えー、確か10日の3時からです。

A：え、10日でしたっけ？

B：そう。三連休の中日^⑱です。

1
A : Once you get to a good place, wouldn't you like to have a coffee over here?
B : Right. Give me a second.
A : OK. I will make one for you.
B : Thank you. I'll be right there.

A：事情告一段落了的话过来喝杯咖啡吗？
B：嗯，再等我一下。
A：那我先给你倒上了啊？
B：谢谢，我马上就过去。

A：마무리한 거면 이쪽에서 커피라도 마실까?
B：응. 조금만 기다려 줘.
A：그럼 커피 타 놓을게.
B：고마워. 금방 갈게.

2
A : What's up? Shall we go for yakiniku (Korean BBQ) today?
B : Yakiniku…? I had more than enough meat yesterday at an all you can eat place.
A : Wow, I'm envious. Then, shall we go there as well today?
B : I just told you! (lit. So!)

A：今天去不去吃烤肉？
B：烤肉啊，我前天吃了烤肉自助餐，吃肉吃到不想再吃了。
A：哇，真好。那今天还去那里吗？
B：我都说了啊！

A：어때? 오늘 고기 먹으러 안 갈래?
B：고기라고~, 그저께 무제한 가게에서 질릴 때까지 먹었단 말이야.
A：좋겠다~ 그럼 오늘도 거기에 안 갈래?
B：아우 진짜~!

3
A : It's almost Christmas. Do you have any plans?
B : No. Nothing. The way it's going lately, I'll be working at my part-time job.
A : I see. So then, shall we try a blind date party, as we have nothing to lose?
B : Well, maybe. A good encounter may await there.

A：马上就到圣诞节了，你有什么安排没？
B：什么都没有。现在这样下去的话，大概就打工吧。
A：这样啊。那去参加一下联谊碰碰运气？
B：也是。没准能遇到合适的呢。

A：얼마 안 있으면 크리스마스네. 무슨 계획이라도 있어?
B：아니, 아무것도. 이대로라면 알바나 하겠지.
A：그럼 안 되더라도 미팅 해 볼래?
B：그래. 멋진 만남이 있을 지도 몰라.

4
A : Hey, let's go to the Disneyland again.
B : What? Again? Some other time.
A : When exactly is some other time?
B : Well, some other time is some other time.

A：我说，再去一次迪士尼吧！
B：诶？还去？过段时间去吧。
A：过段时间是什么时候？
B：呃……反正就是过段时间去啦，过段时间。

A：있잖아. 다음에 다시 디즈니랜드에 가자.
B：에~ 또? 조만간에 가자.
A：조만간이 언젠데?
B：음…. 조만간이 조만간이지.

5
A : Next week, I'd like to go out on a small trip, like a hot spring nearby.
B : Sounds nice. A bus tour may make it hassle-free. Now is the good time for strawberry picking, etc.
A : That sounds good. I wonder how much they start from.
B : Right. I'll look it up.

A：下周末想去附近的温泉什么的小小地旅游一下。
B：不错诶。巴士旅行也不错。现在的话采草莓什么的也不错。
A：是哦。不知道大概要花多少钱。
B：嗯。我查一下。

A：다음주 주말에 가까운 온천이나 가고 싶어.
B：좋지. 버스투어가 편할지도 몰라. 지금이라면 딸기 체험도 있고.
A：그렇네. 얼마 정도 할까?
B：음, 잠깐만 검색해 볼게.

6
A : When was the wedding ceremony for Mr/s. Mori again?
B : Oh, 3 o'clock on the 10th, if I remember it right.
A : Oh, the 10th, is it?
B : Yes. It is the middle day of the three-day-weekend.

A：森先生（小姐）的婚礼是什么时候来着？
B：呃……我记得是10号的3点开始。
A：诶？是10号吗？
B：是的，三连休的中间那天。

A：모리 상 결혼식이 언제였죠?
B：그러니까… 10일 3시부터예요.
A：뭐라고요? 10일이었어요?
B：네. 3일 연휴의 중간 날이요.

1 A：警察は110番ですよね。
　けいさつ　ひゃくとおばん

　B：そうですよ。

　A：じゃー、救急車を呼びたい時は?
　　　　きゅうきゅうしゃ　よ　　　とき

　B：火事の時と同じ119番です。
　　　かじ　とき　おな

(駅で)
えき

2 A：すみません。Suica[19]を落としちゃったんですが。
　　　　　スイカ　　　お

F B：お名前、生年月日など登録されていますか?
　　　なまえ　せいねんがっぴ　　とうろく

　A：はい。しています。

　B：では、再発行が可能ですが、なさいますか?
　　　　さいはっこう　かのう

3 A：今日、寝過ごしてびっくりしたよ。起きたらもう8時なんだもん。
　　　きょう　ねす　　　　　　　　　　　お　　　　　じ

C B：へー。でもよく間に合ったね。
　　　　　　　　　ま　あ

　A：うん。でも焦った。顔を洗う暇もなかったよ。
　　　　　　あせ　　かお　あら　ひま

　B：え～、顔ぐらい洗ってよね。
　　　　かお　　　あら

(キャンプ場で)
じょう

4 A：よりによって今日は風が強いね。
　　　　　　　　きょう　かぜ　つよ

C B：うん、初めてのキャンプには、厳しいかもね。
　　　　はじ　　　　　　　　　きび

　A：まー、山はよく見えるけどね。
　　　　やま　　　み

　B：そうだね。でもたき火は危ないからやめようか。
　　　　　　　　　び　あぶ

5 A：引越しするときは、郵便局に新しい住所を届けると便利ですよ。
　　　ひっこ　　　　　　　ゆうびんきょく　あたら　じゅうしょ　とど　　　べんり

　B：え～、そうなんですか～?

　A：前の住所に来た手紙も、ちゃんと新しいところまで届けてくれるんですよ。
　　　まえ　じゅうしょ　き　てがみ

　B：へー、それは助かりますね。
　　　　　　　たす

6 A：もしもし。鈴木です。今、電車の中なんですが、緊急停車[20]してしまって。
　　　　　　すずき　　　いま　でんしゃ　なか　　　　　きんきゅうていしゃ

　B：あら、どちらですか?

　A：目黒のあたりです。それで会議、もし間に合わなければ、先に始めてても
　　　めぐろ　　　　　　　　かいぎ　　　　ま　あ　　　　　さき　はじ
　　　らえますか?

　B：わかりました。課長に伝えときます。お気をつけて。
　　　　　　　　かちょう　つた　　　　　　き

1
A : No. 110 is for the police, isn't it?
B : Yes it is.

A : Then what about if we want to call an ambulance?
B : It is the same as for a fire, 119.

(At the Station)
2
A : Excuse me. I dropped my Suica card.
B : Have you registered your name, date of birth, etc.?
A : Yes I have.

B : In that case, we can reissue it; would you like me to do that?

3
A : I was shocked that I overslept today. It was already 8 o'clock when I woke up.
B : Wow. But you made it, that's impressive.
A : Yeah. But I panicked. I had no time to wash my face.
B : What? Wash your face at least.

(At the Camp Site)
4
A : Of all days, it is very windy today.
B : Yes, it may be difficult for first time campers.
A : Well, the mountains can be seen very well though.
B : True. But a bonfire would be dangerous, so shall we skip that?

5
A : When you move out, it is convenient if you report your new address to the post office.
B : Oh, is that right?
A : They will deliver the letters that came to the previous address to your new one.
B : Oh, that is convenient.

6
A : Hello? It's Suzuki. Right now, everyone is on the train but there was an emergency stop.
B : Oh no. Where are you?
A : Somewhere around Meguro. So, if I can't make it in time for the meeting, would you please start without me?
B : OK. I will inform the section chief of that. Take care.

A：报警电话是110对吧？
B：是的。

A：那叫救护车的时候呢？
B：和火警电话一样，都是119。

(在车站)
A：不好意思打扰一下，我的Suica丢了。
B：您有注册姓名和出生年月日吗？
A：有的。

B：那可以帮您补的，需要补办一张吗？

A：今天发现睡过头的时候吓了一跳。醒过来就已经8点了。
B：哇，真亏你能赶上。

A：嗯，不过真是急坏我了。连洗脸的时间都没有。
B：诶？好歹洗个脸吧……

(在露营地)
A：好巧不巧，偏偏今天这么大风。
B：嗯，第一次出去露营，感觉会有点难度啊。
A：不过，山还是能看清楚的。

B：也是。不过篝火的话太危险了，还是不要点了。

A：搬家的时候，告知邮局你的新地址会比较好哦。
B：诶？这样的吗？

A：这样的话就算有信寄到你原来的地方，也会好好送到你新的住址。
B：这样啊，这可真方便。

A：喂，我是铃木。我现在在电车上，刚刚紧急停车了。
B：这可真是……停在哪里了？

A：在目黑附近。如果我赶不上会议的话，你们就先开始吧。
B：明白了。我会转告课长的。你注意安全。

A : 경찰 신고는 110이죠.
B : 맞아요.

A : 그럼 구급차는요?
B : 불 났을 때랑 같은 119예요.

(역에서)
A : 저기요. Suica를 잃어버렸는데요.
B : 이름, 생년월일은 등록하셨나요?
A : 네. 했어요.

B : 그럼 재발행이 가능한데 하시겠어요?

A : 오늘 늦잠 자서 놀랐어. 일어났더니 8시인 거야.
B : 오~그래도 제시간에 도착했네?

A : 응. 그래도 얼마나 초조했는데. 세수할 시간도 없었어.
B : 세수 정도는 해라.

(캠프장에서)
A : 하필이면 오늘은 바람이 강하네.
B : 응. 캠프 초보자한테는 힘든데.

A : 산은 잘 보이지만.

B : 맞아. 그래도 모닥불은 위험하니까 하지 말자.

A : 이사하실 때는 우체국에 새 주소를 신고하면 편리해요.
B : 그래요?

A : 이전 주소지에 온 편지도 새 주소지로 배달해 주거든요.
B : 그거 좋네요.

A : 여보세요? 스즈키입니다. 지금 전차 안인데 긴급 정차를 해 버렸어요.
B : 어머, 어디쯤이세요?

A : 메구로 근처예요. 회의 말인데, 혹시 늦으면 먼저 시작하세요.
B : 알겠습니다. 과장님께 전해드릴게요. 조심해서 오세요.

1　A：何か今年の目標ってある?

Ⓒ　B：うん。英会話を始めようと思っているから、それを続けることかな。

　　A：「継続は力なり [21]」だね。

　　B：うん。でも、実は去年と同じ目標なんだ。今年こそ実現させたいよ。

2　A：夏休みは旅館でアルバイトをしたいんです。

　　B：へー、旅館?　でも、どうして?

　　A：敬語を練習する機会になるし、まかない [22] もあるからです。

　　B：それは、一石二鳥 [23] ってことですね。

（学校の事務室で）

3　A：あのー、カバン、C-101教室に置き忘れちゃったんですけど…。

　　B：え?　カバンですか?　今日ですか?

　　A：いえ、一昨日なんですが。届いてますか?

　　B：ちょっと待ってください。今、調べますから。

4　A：先生、レポートをうまく書くコツ [24] ってありますか?

Ⓓ　B：そうだね。色々あるけど、まずは書く前に構成を考えるべきですね。

　　A：構成ですか。

　　B：そう。全体の文字数からそれぞれの章で何文字使えるかってね。

5　A：先生、合格しました!

Ⓓ　B：わー、おめでとう。よく頑張りましたね。

　　A：先生のおかげです。本当にありがとうございました。

　　B：いえいえ。ご両親にいい報告ができますね。

6　A：すみません、卒業見込み証明書が欲しいんですが。

　　B：あ、はい。じゃ、この用紙に必要事項を書いてください。

　　A：はい。じゃ、後で書いて持ってきます。

　　B：3日ぐらいかかるので、急ぐなら早めに持ってきてくださいね。

1 A : Do you have a goal for this year?
B : Yes. I am thinking of English lessons, so maybe continuing it is it.
A : "Practice makes perfect" they say.
B : Right. But this is the same goal as the last year, to tell the truth. This year, I'd like to make it really happen.

2 A : I'd like to have a part-time job at a Japanese inn during the summer break.
B : Wow, a Japanese inn? But how come?
A : It would give me an opportunity to practice my keigo, and there are meals for workers.
B : So that would kill two birds with one stone.

(At the School Office)

3 A : Excuse me, my bag, I forgot it in classroom C-101…
B : What? A bag? Today?

A : No, the day before yesterday. Has it been turned in?
B : Please wait a minute. I will check it now.

4 A : Professor, is there a tip to writing a report well?
B : Well, there are various ways to do it, but you should think of the organization before you start writing it.
A : Organization?
B : Right. Think how many characters you can use for each chapter out of the whole number of characters.

5 A : Professor, I passed the test!
B : Wow, congratulations! You did a good job!
A : Thanks to you, professor. Thank you very much.
B : Not at all. You can give the good news to your parents.

6 A : Excuse me, I need a certificate of expected graduation…
B : Oh, sure. Please fill in the necessary things in this form.
A : OK. I will fill it in later and bring it back.
B : It takes about 3 days to issue the certificate, so bring it back soon if you are in a hurry.

A：今年有什么目标吗?
B：嗯。今年我想开始学习英语会话。不知道能不能坚持下去。
A：坚持就是胜利啊。
B：嗯。不过其实去年是一样的目标。希望今年能够实现。

A：暑假我想去旅馆打工。
B：哦? 旅馆? 不过，为什么啊?
A：刚好可以借此机会练习一下敬语，听说还包饭。
B：这可真是，一石二鸟的好事啊。

(在学校的办事处)

A：那个，我把包忘在C-101号教室里了……
B：诶? 包吗? 今天忘的吗?
A：不是，是前天忘的。有人送过来吗?
B：稍等，我查一下。

A：老师，有什么能把报告写好的诀窍吗?
B：怎么说呢。诀窍的话有很多。首先在写之前要考虑好整体的框架结构。
A：框架结构啊……
B：是的，比如总共要写多少字，各个章节的字数分别要怎么安排。

A：老师! 我过了!
B：哇! 恭喜你! 干得漂亮!
A：都是托了老师的福。真的太感谢您了。
B：哪里哪里。可以有好消息向你父母汇报了!

A：不好意思打扰一下，我想开一张预毕业证明……
B：哦，好的。请把这张纸上的必要事项填写一下。
A：好的。那我之后写完了就拿过来。
B：开证明大概需要3天时间，如果急着要的话还请早点拿过来。

A：뭔가 올해 목표라도 있어?
B：응. 영어회화를 시작하려고 하니까 그걸 계속하는 거?
A：'계속하면 좋은 결과를 얻는다'라는 거지.
B：응. 근데 실은 작년이랑 같은 목표야. 올해야말로 실현하고 싶어.

A：여름방학 때는 료칸에서 아르바이트를 하고 싶어요.
B：료칸? 근데 왜?
A：(일본의) 존댓말 연습할 기회도 있고 식사도 제공해 줘서요.
B：그야말로 일석이조네요.

(학교 사무실에서)

A：저기, 가방을 C-101 교실에 놔두고 왔는데요….
B：가방이요? 오늘이에요?

A：아뇨, 그저께인데요. 신고된 건 없나요?
B：잠시만 기다리세요. 지금 찾아볼게요.

A：선생님, 리포트를 잘 쓰는 팁이 있을까요?
B：글쎄요…. 여러가지가 있지만 쓰기 전에 먼저 구성을 생각해야죠.
A：구성이요?

B：그래요. 전체 글자 수에서 각 장에 몇 글자를 쓸지, 이런 거.

A：선생님, 합격했습니다!
B：와! 축하해요! 열심히 잘 했어요.
A：선생님 덕분입니다. 정말 감사드립니다.
B：아니요. 부모님께 좋은 소식을 전해 드리겠네요.

A：저기요. 졸업예정 증명서가 필요한데요….
B：네. 그럼 이용지에 필요사항을 기입해 주세요.
A：알겠습니다. 그럼 써서 나중에 가지고 올게요.
B：3일 정도 걸리니까 급한 거면 빨리 가지고 오세요.

（病院で）
びょういん

1 A : あのー、初めてなんですけど。
はじ

F B : はい。では、こちらの問診票にご記入ください。
もんしんひょう　　きにゅう

A : あのー、漢字が難しくて読めないんですけど…。
かんじ　むずか　　よ

B : じゃー、質問を読みますので、それに答えていただけますか？
しつもん　よ　　　　　　　　　　こた

2 A : トムさん、風邪をこじらせて㉕入院したそうですよ。
かぜ　　　　　　にゅういん

D B : えっ、じゃ、お見舞いに行かなくちゃ。
みま

A : 行くなら一緒に行きませんか？
い　　　いっしょ　い

B : そうだね。一緒に行こう。
いっしょ　い

3 A : お見舞いに行くとき、何を持って行きましょうか。
みま　　い　　　　なに　も　　い

D B : そうだね。普通だけど、お花にしようか。
ふつう　　　　はな

A : お花ですね。どんなお花がいいですかね。
はな　　　　　　　　はな

B : 花屋で、お見舞い用って言えば適当に作ってもらえるよ。
はなや　　みま　よう　　い　　てきとう　つく

4 A : どこの病院にトムさん入院してるか、わかる？
びょういん　　　　にゅういん

D B : 新宿の大学病院みたいですよ。
しんじゅく　だいがくびょういん

A : あ、あそこか。行きやすいね。近くに花屋もあるし。
い　　　　　　ちか　　はなや

B : あ、そうですか。

5 A : なんだか最近寝ても疲れが取れないんだよねー。
さいきんね　　つか　　と

C B : あ、本当？　肩もんであげようか？
ほんとう　かた

A : 本当？　いいの？
ほんとう

B : もちろん。お安い御用㉖。
やす　ごよう

6 A : すごい肩。こってるね。どう？
かた

C B : あ〜、すごく気持ちいい。あ、もういいよ。どうもありがとう。
きも

A : いえいえ。

B : あ〜、本当に気持ちよかった。軽くなった。
ほんとう　きも　　　　かる

(At the Hospital)

1
A : Excuse me, it is my first visit…
B : OK. Would you please fill in this registration form?
A : Um…Kanji is too difficult to read…
B : OK, then I will read out the questions, so please answer them.

2
A : I heard that Tom was hospitalized due to his cold getting worse.
B : Really? I'll have to go visit him.
A : If you are going, shall we go together?
B : Sure. Let's go together.

3
A : When we go visit him in the hospital, what shall we bring?
B : Let's see. It's nothing special, but shall we bring flowers?
A : Flowers, right. What kind of flowers would be good?
B : If we say it's a hospital visit at the flower shop, they will put some appropriate flowers together.

4
A : Do you know which hospital Tom was admitted to?
B : It sounds like it's the university hospital in Shinjuku.
A : Oh, that one. It's easy to get to. And there is a flower shop near there.
B : Oh, is that so?

5
A : Recently I can't get rid of feeling exhausted, even after I've slept.
B : Oh, really? Shall I give you a shoulder massage?
A : Really? Is it OK?
B : Of course. Theres nothing to it.

6
A : It's terrible, your shoulders are stiff. How is it?
B : Wow, it feels very good. Oh, that is enough. Thank you.
A : You're welcome.
B : Oh my god, it felt really good. I feel lighter.

（在医院）

A：那个，我是第一次来看病。
B：好的。那，请填一下这个病历表。
A：那个，这个汉字有点难，我看不懂……
B：那由我来问，请您直接回答可以吗？

A：听说汤姆感冒加重了，好像住院了。
B：诶？那我们得去探望他一下。
A：要去的话，我们一起去吧？
B：也是。一起去吧。

A：去探病的时候应该带写什么呀？
B：虽然普通了点，带花过去吧？
A：花呀。带什么花好呢？
B：去花店的时候，跟店员说一声是探病用的，应该就会帮我们选了包起来了。

A：你知道汤姆在哪家医院住院吗？
B：好像是新宿的大学医院。
A：啊，那里呀。过去还挺方便的。附近还有花店。
B：啊，这样啊。

A：最近总感觉不管怎么睡都还是很累。
B：啊？真的吗？我帮你捏个肩？
A：真的？可以吗？
B：当然。小意思。

A：你肩膀还真是僵得不得了。感觉怎么样？
B：啊~太舒服了。啊，可以了。谢谢。
A：不客气。
B：啊~真舒服。感觉轻松多了。

（병원에서）

A : 오늘 처음 왔는데요.
B : 네. 그럼 여기 문진표에 기입해 주세요.
A : 저기, 한자가 어려워서 잘 못 읽거든요.
B : 그럼, 질문을 읽을 테니까 대답해 주시겠어요?

A : 톰 상이 감기가 더 심해져서 입원했대요.
B : 에, 그럼 병문안을 가야겠네.
A : 갈 거면 같이 안 갈래요?
B : 그게 좋겠다. 같이 가자.

A : 병문안 갈 때 뭘 가지고 갈까요?
B : 평범하지만 꽃으로 할까요?
A : 꽃이요. 어떤 꽃이 좋을까요?
B : 꽃집에서 병문안 간다고 하면 알아서 만들어 줄 거예요.

A : 어느 병원에 톰 상이 입원한지 알아?
B : 신주쿠에 있는 대학병원인 것 같아요.
A : 아, 거기가. 교통도 편하네. 근처에 꽃집도 있고.
B : 그래요?

A : 이유는 모르겠지만 요즘 잠을 자도 피곤이 안 풀려.
B : 진짜? 어깨 주물러 줄까?
A : 진짜? 괜찮겠어?
B : 물론이지. 그것쯤이야.

A : 어깨가 많이 뭉쳤네. 어때?
B : 아~ 엄청 시원해. 이제 됐어. 고마워.
A : 뭘.
B : 진짜 시원했어. (어깨가) 한 결 가벼워졌어.

（不動産屋で）

1　A：あのー、すみません、さくらハイツ202のエクトルですが。

　　B：こんにちは。お世話になっております。

　　A：あのー、来月、国に帰るので部屋を解約したいんですが。

　　B：はい。承知しました。何日をご予定ですか？

2　A：引っ越し当日まで電気、水道、ガスをご利用ですか？

　　B：はい。そのつもりです。連絡はどうすればいいですか？

　　A：連絡はこちらでしておきます。

　　B：あ、ありがとうございます。お願いします。

3　A：いろいろお世話になりました。明日、国に帰ります。

　　B：そうですかー。寂しくなりますねー。

　　A：ぜひ、遊びに来てください。ご案内しますから。

　　B：ありがとうございます。ぜひ行きたいですね。

（空港　手荷物受取所で）

4　A：あの、私の黒いスーツケースが、出て来ないんですが。

　　B：便名はお分かりになりますか？

　　A：あ、これ、飛行機のチケットです。それとこれが荷物の番号です。

　　B：はい。バンコクから14時着のKS2便ですね。では、お調べします。

5　A：先生、ご無沙汰してます。

　　B：あれ！　エクトルさん。久しぶりですね。卒業以来ですね。

　　A：はい。出張で東京に来たので、いらっしゃるかなと思いまして。

　　B：2年ぶりですね。東京にはいつまでですか？

6　A：東京には3日だけなんですが。そのあと大阪に行きます。

　　B：あ、そうですか。元気そうですね。仕事はどうですか？

　　A：はい。会社でいい上司や先輩にめぐまれて、頑張ってます。

　　B：そうですか。それは何よりですね。

(At a Real Estate Agent)

1
A : Excuse me, I am Hector from Sakura heights 202.

B : Hello. How are you. (lit. I am in your debt.)

A : Well, I am going home next month, so I'd like to cancel my lease for the room.

B : OK. Certainly. Which date do you plan to leave?

2
A : Will you use the electricity, water and gas until the day you move out?

B : Yes. I think so. What about contacting them?

A : We will contact them for you.

B : Oh, thank you very much. I'd appreciate it.

3
A : Thank you very much for your kindness. I am going home tomorrow.

B : Is that so? We will miss you.

A : By all means, please come and visit me. I'll show you around.

B : Thank you very much. I'd love to visit.

(At the Luggage Area in the Airport)

4
A : Excuse me, my black suitcase hasn't come out yet.

B : Do you know what flight number it was.

A : Oh, here, this is my airplane ticket. And this is the luggage number here.

B : OK. It was flight no. KS2 that arrived at 14:00. I will check it.

5
A : Professor, it's been a long time.

B : Oh! Hector. It's been a long time. Since your graduation, hasn't it.

A : Yes. I came to Tokyo on a business trip and I wondered if you were in.

B : It's been two years. How long are you in Tokyo?

6
A : Only three days in Tokyo. Then I am off to Osaka.

B : Is that so? You look well. How is your work?

A : Well, I am lucky to have good bosses and co-workers at the company, so I am doing my best.

B : I see. You can't ask for better than that.

(在房屋中介)

A : 那个，不好意思打扰一下，我是住在Sakura Heights 202室的赫克托。

B : 你好。一直以来承蒙关照。

A : 那个，下个月，我要回国了，想把房子解约一下。

B : 好的，明白了。预计几号解约呢？

A : 水电气一直用到搬家当天是吗？

B : 是的，我是这么打算的。我要联系哪里，怎么联系啊？

A : 我们这边会帮您联系好的。

B : 啊，谢谢。拜托了。

A : 这些日子真是承蒙关照了。我明天就回国了。

B : 这样啊，感觉要寂寞了。

A : 请务必来玩呀，我来当向导。

B : 谢谢，有机会一定去。

(在机场的行李提取处)

A : 那个，我的黑色的行李箱没出来。

B : 您的航班号是多少？

A : 哦，这个是机票，这个和这个是行李编号。

B : 好的，从曼谷出发，14点抵达的KS2号航班对吗？我查一下。

A : 老师，好久不见，别来无恙。

B : 咦？赫克托？好久不见啊。从你毕业以后就没见过面了吧。

A : 是的。我这次是到东京出差来的，还在想老师会不会在。

B : 过去2年了呢。你再东京待多久？

A : 我在东京待3天。之后要去大阪。

B : 啊，这样啊。看你还挺精神的。工作怎么样？

A : 在公司里上司和前辈们都很好，我也有好好努力。

B : 这样啊。那就太好了。

(부동산에서)

A : 저기, 실례합니다. 사쿠라 하이츠 202호에 사는 에쿠도르인데요.

B : 안녕하세요. 잘 지내셨어요?

A : 다음 달에 귀국을 해서 방을 해약하려고 하는데요.

B : 네, 알겠습니다. 며칠에 나가시나요?

A : 이사 당일까지 전기, 수도, 가스는 이용하실 건가요?

B : 네, 그럴 예정입니다. 연락은 어떻게 하면 되나요?

A : 연락은 저희가 해 놓을게요.

B : 고맙습니다. 잘 부탁드려요.

A : 그동안 신세 많이 졌습니다. 내일 귀국해요.

B : 그렇군요. 쓸쓸해지겠어요.

A : 꼭 놀러 오세요. 안내해 드릴 테니까.

B : 고마워요. 꼭 가고 싶어요.

(공항 수화물 찾는 곳에서)

A : 저기, 제 검은색 캐리어 가방이 안 나오는데요.

B : 편명은 아세요?

A : 아, 이거 비행기 티켓이에요. 그리고 이게 수화물 번호고요.

B : 네. 방콕에서 14시 도착 KS2편이네요. 알아보겠습니다.

A : 선생님, 오랜만이에요.

B : 어? 에쿠도르상, 오랜만이네요. 졸업한 이후 처음이죠.

A : 네. 출장으로 도쿄에 온 김에 계실까 하고 와 봤어요.

B : 2년 만이네요. 도쿄는 언제까지 있나요?

A : 도쿄는 3일만 있고요. 그 후에 오사카로 가요.

B : 그래요? 건강해 보이네요. 일은 어때요?

A : 회사에서 좋은 상사와 선배들을 만나서 열심히 하고 있습니다.

B : 그렇군요. 그게 제일이죠.

① ちょっとハワイ

「ちょっと」とは軽い気持ちで簡単にハワイに行くという意味です。ここではまるで日常的に行っているかのように誇張した表現となっています。

"ちょっと" means that the person goes to Hawaii easily and casually. The expression used here is exaggerated as if the person is going there on a day to day basis.

"ちょっと" 指怀着放松的心情，夏威夷小小地逛了一下的意思。这里是一种夸张的表现，表示去夏威夷就像是一件很日常的事。

"ちょっと"은 가벼운 마음으로 편하게 하와이에 갔다는 뜻입니다. 여기에서는 마치 하와이에 가는 것이 일상인 것처럼 과장하는 표현을 나타냅니다.

② ズキズキ

強い痛みが続くことを表す擬態語です。

An onomatopoeia to indicate a strong pain persisting over a long time.

是拟态词。形容强烈而持续的疼痛。

강한 통증이 계속되는 것을 나타내는 의태어입니다.

③ 噂している
<small>うわさ</small>

誰かが自分のことを言っている、噂をしているという意味です。誰かが噂をすると、噂された人はくしゃみをする、という言い伝えがあります。

This means that someone is talking, or gossiping about a person. There is a saying that when someone talks about another, the person who's being talked about sneezes.

有谁在说和自己相关的事情，在说自己闲话的意思。在日本有个说法是，如果聊到与某个人相关的事，那个被聊到的人就会打喷嚏。

누군가 자신의 이야기를 하고 있다는 뜻이며, 당사자가 재채기를 한다는 말이 있습니다.

④ みそ汁を作る
<small>しる つく</small>

「みそ汁を作ってほしい」は間接的なプロポーズの表現です。結婚して毎日自分のためにみそ汁を作ってほしいという思いがこめられています。

"I'd like you to make me miso soup" is an indirect expression used for a marriage proposal. The phrase carries the sense that the person want to get married and have the other person make him/her miso soup.

"希望你能为我煮味增汤" 是一句间接求婚的话。包含了希望对方和自己结婚，每天为自己煮味增汤的意思。

'된장국을 끓여 달라' 는 간접적인 프러포즈 표현입니다. 결혼해서 매일 자기를 위해 된장국을 끓여달라는 마음이 담겨 있습니다.

⑤ 二度手間
<small>に ど で ま</small>

慣用句の一つで、一度で本来済む仕事を、もう一度やらなくてはならず、手間がかかるという意味です。

An idiom that means that it takes more time and effort to redo a job than if it is done properly in the first place.

是一句熟语。本来一次就能完成的事情，不得不再做一次，要多花功夫和精力的意思。

관용구의 하나로, 한 번에 끝날 일을 한 번 더 해야 해서 번거롭다는 뜻입니다.

⑥ 急がば回れ
<small>いそ まわ</small>

ことわざの1つで、急いでいる時こそ、丁寧で確実な方法で進めた方が、失敗して無駄な時間をかけないため、効率的だという意味です。

This expression is used when A saying that means haste makes waste.

是一句俗语。越是在紧急情况下，越要用稳妥的办法，才不会因失败而白费功夫，浪费时间。这样效率才会更高。

속담 중에 하나로 급할 때야말로 차근차근하게 가는 게 실패해서 시간을 허비하지 않기 때문에 효율적이라는 뜻입니다.

⑦ 猫の手も借りたい
<small>ねこ て か</small>

ことわざの1つで、非常に忙しく、誰のどんな手伝いでもしてほしいという意味です。

A saying that means that a person is very busy and would appreciate any help from whomever.

是一句俗语。表示忙得晕头转向，想找人帮忙，不管是谁，怎么帮，都行。

속담 중에 하나로 아주 바빠서 아무라도 도와줬으면 좋겠다는 뜻입니다.

⑧ ピンポーン

ドアのチャイムを表す擬音語です。

An onomatopoeia that indicates the doorbell ringing.

拟声词。即门铃声。

현관문 벨 소리를 나타내는 의성어입니다.

⑨ 心折れる
　　　こころ　お

「心折れる」ということで、ショックなことがあったり困難で、目標に向かうやる気がなくなったという意味です。

"心が折れる (a heart gets broken)" means that one's motivation for a goal is dissipated because of a shock or the goal being too difficult.

即 "心が折れる (内心受挫)"。因遭受打击，遇到困难而丧失对向目标前进的干劲。

마음이 꺾이다 "心が折れる" 라는 것으로 충격받는 일이 있거나 해서 의욕이 없어졌다는 뜻입니다.

⑩ 着信
　　　ちゃくしん

電話がかかってくる、またメールが届くという意味です。

This means that one receives a phone call, or a message arrives.

即有电话打过来，或收到邮件的意思。

전화가 걸려오거나 메일이 왔다는 뜻입니다.

⑪ （パソコンを）落とす
　　　　　　　　　　お

パソコンをシャットダウンするという意味です。

This means a computer shutting down.

关掉电脑的意思。

컴퓨터 전원을 끈다는 뜻입니다.

⑫ ご遠慮ください
　　　えんりょ

丁寧に断る、あるいは禁止することを表す表現です。

An expression for making a polite refusal or prohibition.

在礼貌恭敬地拒绝或制止某人时用到的说辞。

정중하게 거절하거나 금지할 때 쓰는 표현입니다.

⑬ ご新規
　　　しんき

新しい客や新しくサービスを受けることを表す表現です。

An expression that refers to a new customer or a receipt of new service.

指新客户，或接受新服务。

새 고객이나 새 서비스를 받을 때 쓰는 표현입니다.

⑭ 切りがいい
　　　き

やっていることが終わり、休むのにいいタイミングという意味です。

It means that things have been finished, so it is a good place to take a break.

指手头工作告一段落，可以进行休息的好时机。

하고 있는 일이 끝나고 딱 휴식하기 좋은 타이밍이라는 뜻입니다.

⑮ だから～！

ここでは、既に言ったこと、またその意図が相手に伝わっていないため、腹を立てていることを表す言い方です。

Here, the expression conveys that the person is angry because what s/he already said or the intent of the message has not been received by the listener.

这里是在对方没能理解自己说的话时，为了表达自己的气愤而说的话。

여기에서는 이미 말한 것, 또는 그 의도가 상대에게 전달되지 않았기 때문에 화가 난 모습을 나타내는 말입니다.

⑯ だめもと

「だめでもともと」の略です。う
まくいけばラッキー、うまくい
かなくても今の状態と変わら
ないという意味です。可能性
は低いが挑戦するという場合
に使います。

Abbreviated form of "だめで
もともと (=It's expected to be
no good anyway)." If it goes
well, that's lucky, but even if
it doesn't the situation will not
change from what it is. The
expression is used when
someone goes for it, even
though the chance of success
is low.

是"だめでもともと"的略
称。如果运气好的话就能成
功,如果不能成功,大不了
也就和现在一样。在面临成
功的可能性很低的挑战时会
用到这个说法。

"だめでもともと"의 줄임말
입니다. 잘 되면 좋고, 잘 안
되어도 지금 상태가 변하지
않는다는 뜻입니다. 가능성은
낮지만 도전하는 경우에 씁니
다.

⑰ いちご狩り

いちご農園などで客が自由に
農園内のいちごを採り、食べ
ることができるサービスです。
入場料がかかります。

It's a service offered at plac-
es like a strawberry farm
where customers can harvest
and eat strawberries freely.
There is an admission fee.

是种植草莓的农园提供的一
项服务。客人可以自由地在
农园内进行草莓的采摘和品
尝。需要支付入场费。

딸기농장 등에서 손님이 마음
껏 딸기를 따서 먹을 수 있
는 서비스입니다. 입장료를
냅니다.

⑱ 中日

ちょうど真ん中の日という意
味です。

It means "the day right in the
middle."

即正中间那一天。

중간 날이라는 뜻입니다.

⑲ Suica

鉄道、バス、買い物などに利
用できる JR 東日本の IC カー
ドの名称です。

It is a name for an IC card of
JR East Japan, which can be
used for railways, buses, and
shopping.

是JR东日本发行的一种IC
卡。可用于乘坐铁道交通工
具和巴士,也可用于购物。

전철, 버스, 쇼핑 등에 이용 가
능한 JR 동일본의 교통카드
의 명칭입니다.

⑳ 緊急停車

何か問題が起こり、予定なく
電車やバスが急に止まること
です。

Some sort of problem occurs,
and the train or bus makes a
sudden, unscheduled stop.

指出现预料之外的突发情
况,电车和巴士不得不紧急
停车。

뭔가 문제가 생겨서 전철이나
버스를 급하게 멈추는 것입니
다.

㉑ 継続は力なり

ことわざの1つで、何かを長く
続けることが結局、能力を伸
ばすという意味です。

This expression is used when
A saying that means that con-
tinuing something for a long
time nurture's one's ability.

是一句俗语,只有持续坚
持,才能取得成长和进步。

속담 중에 하나로, 무언가를
오래 하다 보면 결국 능력을
키울 수 있다는 뜻입니다.

㉒ まかない

アルバイト先など職場が社員
のために食事を作り提供する
ことです。

It means that a workplace,
such as a part time job, cooks
and provides meals for the
employees.

指打工的地方和工作的地方
为员工提供的餐食。

아르바이트등 일하는 곳에서
사원들을 위해 식사를 만들어
제공하는 것입니다.

㉓ 一石二鳥
いっせきにちょう

ことわざの1つで、1つのこと
をすると、同時に2つの利益
を得られるという意味です。

A saying that means achieving 1 goals with one effort.

是俗语。指做一件事，能同时得到双份的利益。

속담 중에 하나로, 한 가지를
하면 동시에 두 가지의 이익
을 얻는다라는 뜻입니다.

㉔ コツ

物事の要点や、技術の要領の
ことです。「コツをつかむ」は、
この要領が身に付くという意
味です。

Refers to the essential point about a thing or a technology. "コツをつかむ(=getting the gist)" means learning the essentials of something.

指处理事情的要点，和技术
要领。"コツをつかむ"，即
掌握诀窍的意思。

일의 요점이나 요령을 가리킵
니다. "コツをつかむ"는
요령을 익힌다는 뜻입니다.

㉕ 風邪をこじらせる
かぜ

風邪が長期化してなかなか回
復しないこと、また悪化する
という意味です。

This means that a cold has worsened and it is taking a long time to recover, or getting worse.

指感冒过了很长时间还没
好，或者感冒又恶化了的意
思。

감기가 길어져서 회복이 잘
안되는 것, 또는 악화된다는
뜻입니다.

㉖ お安い御用
やすごよう

人から何か頼まれた時に、依
頼者の申し訳ないという心的
負担を和らげるために快く引
き受ける時に使う表現です。
簡単な仕事（だから気にしな
いでね）という意味です。

An expression that is used when receiving a request from someone, in order to accept the request without making the person feel guilty. It means that it's an easy job (so don't you worry).

在他人找自己帮忙时，为了
减轻找自己帮忙的人的心理
负担，以及表示自己乐意帮
忙时说的话。"小事情（别
放在心上）"的意思。

부탁을 받았을 때, 부탁한 사
람이 미안한 마음을 가지지
않도록 흔쾌히 받아들일 때
쓰는 표현입니다. 간단한 일
(이니까 신경 쓰지 마)라는 뜻
입니다.

お店の敬語

<ruby>お<rt></rt></ruby>店<ruby>みせ<rt></rt></ruby>の<ruby>敬語<rt>けいご</rt></ruby>

Keigo (Honorific Expressions) at Shops

店头敬语 / 가게에서 쓰는 경어

お店や役所、仕事などで、相手に敬語を使われて困ったことはありませんか。普通に話してもらえばわかるのに、敬語だとほとんどわからない！という経験がある人は多いと思います。接客や仕事で使う敬語表現は、決まった言い方が多いです。たとえば皆さんが服を買おうと店に入り、店員といろいろ話しているとします。服を試着しようと思って店員に伝えたら、店員は「こちらでご試着ください」「申し訳ありませんが、靴を脱いでいただけませんか」などと言うかもしれません。「ご〜ください」「〜ていただけませんか」はどちらも相手にお願いするときの表現です。よく使いますので、覚えておくと便利です。

Have you ever had the experience of feeling at loss when someone spoke to you in Keigo (honorific expressions) in places like shops or municipal offices or at work? Many of you might have had the sense that you would have understood if they had spoken to you with normal expressions, but since it was in Keigo, you hardly understood a word of it. Many of the Keigo expressions used in customer service or at work are set phrases. For example, say, you entered a shop to buy some clothes and are talking with a shop attendant. When you say to the attendant that you would like to try clothes on, the attendant may say something like " こちらでご試着ください (Please try it on here)" or " 申し訳ありませんが、靴を脱いでいただけませんか (I am sorry, but would you please take off your shoes?." Both " ご〜ください " and " 〜ていただけませんか " are polite expressions to ask others to do something. They are often used, so it is convenient to keep them in your memory bank.

在商店里，或役所（便民中心、街道办事处等），或是在工作上，你有遇到过因对方使用敬语而困扰的时候吗？有很多人会觉得"正常说话就好了啊，敬语我搞不明白啊！"但其实，在接待客人和工作的时候，有很多敬语的说法是固定的。比如，大家再进店买衣服的时候，会和店员进行交流。想试穿的时候会告诉店员，店员可能就会说"こちらでご試着ください（请到这里试穿）"、"申し訳ありませんが、靴を脱いでいただけませんか（不好意思，能麻烦您脱一下鞋吗）"。这里的"ご〜ください（请……）"、"〜ていただけませんか（可以麻烦您……吗）"就是在请求对方做某事时会用到的说法。这两个是比较常用的说法，记住之后会方便不少。

가게, 공공기관, 일터 등에서 상대방이 경어를 써서 곤란했던 적은 없으세요? 보통 때 쓰는 말이라면 알아 듣는데 경어는 못 알아 듣겠어! 라는 경험이 있는 분도 많으리라 생각합니다. 서비스업이나 일할 때 쓰는 경어표현은 매뉴얼화 된 표현이 많습니다. 예를 들어 여러분이 옷 가게에서 직원과 이야기를 하고 있다고 해 봅시다. 옷을 입어보려고 직원에게 물어보면 직원이 「こちらでご試着ください」「申し訳ありませんが、靴を脱いでいただけませんか」 이런 말을 할 지도 모릅니다. 「ご〜ください」「〜ていただけませんか」 는 상대에게 부탁할 때 쓰는 표현입니다. 자주 쓰는 표현이므로 외워 두면 편리합니다.

Unit

6

独話（一人で長く話すもの）や長い会話に挑戦
してみましょう。考えや感想を言ったり、店や
病院で話したり、日常生活でよくある状況の
ものです。

Let's take on a challenge; monologues and long
conversations. The situations are ubiquitous in
day-to-day living, such as stating your opinions
or what you felt, or talking at a shop or a hospi-
tal.

来挑战独白（自述的一段较长的话）和长对话吧。讲讲
自己的看法和感想，或在店里、医院里与他人进行对话，
这些都是在日常生活中较为常见的情境。

모노로그(혼자 길게 말하는 것)이나 긴 대화에도전해 봅시다.
생각이나 감상 말하기, 가게나 병원에서 일어나는 대화 등, 일
상생활에서 자주 겪는 상황입니다.

レベル 6	初級 Beginner 初学者 초급		初中級 Pre-intermediate 初学者-中级 초중급		中級 Intermediate 中级 중급
	◎意見の言い方 ◎接続詞 ◎副詞	How to express one's opinions Conjunctions Adverbs	表达意见的说 法 接续词 副词	의견 말하는 법 접속사 부사	◎〜でしょうか ◎確かに ◎〜のではないでしょうか ◎さらに ◎やはり ◎とりあえず etc

153

（バス停で）

1 A : あの、すみません。松田駅前に行くバスは、ここでいいですか？

B : 松田駅前？　ああ、大丈夫ですよ。えーと、35番と37番ですね。

A : ありがとうございます。えーと、バスの中で両替はできますか？

B : ええ、できますよ。千円札と五百円玉なら。

A : ああ、そうですか。あ、五千円札しかない…。困ったなあ。

B : 五千円札は両替できないんじゃないかな、確か。Suicaみたいの、持ってませんか？

A : あ、Suicaならあります。これで乗れるんですか？

B : はい、乗れますよ。乗るときにタッチすればいいんですよ。

A : よかった。安心しました。でも、料金は降りるところで違うんじゃないんですか？

B : いや、この路線はどこでも同じ料金ですよ。

A : そうなんですね。ああ、いろいろありがとうございました。教えてくださって。

B : いえ、お気をつけて。

（コンビニで）

2 A : すみません、荷物を送りたいんですが。

Ⓕ B : はい、じゃあこの伝票に書き込んでください。

A : えーと、これ全部書くんですか？

B : この赤い線で囲んである部分だけでけっこうです。

A : はい。…これでいいですか？

B : はい。あ、荷物の中身はなんですか？

A : 服と、食べ物が少し入ってます。

B : 服と食べ物ですね。じゃあ、ここに衣類と食品と書いていただけますか？

A : はい。あと、時間指定はできますか？

B : はい、できます。この中から選んでいただきたいんですが。

A : えーと、じゃあ、19時から21時でお願いします。

B : はい、うけたまわりました。料金は1500円になります。

(At the Bus Stop)

1
A : Excuse me, is this the right place to catch a bus bound for Matsuda Station?

B : Matsuda Station? Yes, it is. Let' see, either the no. 35 or 37.

A : Thank you very much. Um, is it possible to get change on the bus?

B : Yes, that's possible. If it is a 1,000 yen bill or 500 yen coin.

A : Oh I see. Oh no, I only have a 5,000 yen bill…what I am going to do?

B : I don't think you can change a 5,000 yen bill, if I remember it right. Do you have something like a Suica?

A : Yes, Suica, that I have. Can you ride with this?

B : Yes, you can do that. You need to touch it when you get on.

A : Oh good. I am so relieved. But isn't the fee different according to where you get off?

B : No, for this line, the fee is the same for everywhere.

A : I see. Well, thank you very much for telling me about everything.

B : Not at all. Take care.

(At a Convenience Store)

2
A : Excuse me, I'd like to send this parcel.

B : Sure, fill in this slip please.

A : Um, do I fill out everything?

B : No, just the area surrounded by the red line.

A : OK. …Is this OK?

B : Yes. Oh, what is in your parcel?

A : Clothes, and a little bit of food are inside.

B : Clothes and food, right? Then, could you write clothing and food here?

A : Sure. Also, can I specify the time?

B : Yes, you can. Would you choose from among these?

A : Let's see, well, please make it between 19:00 and 21:00.

B : Certainly, we will take care of it (lit. receive). That will be 1,500 yen.

（在公交车站）

A：那个，不好意思。请问去松田站口的巴士是在这里坐车吗?

B：松田站口吗？哦哦，可以的。我想想，坐35路和37路可以过去。

A：谢谢。那个，巴士上可以换零钱吗?

B：可以的。可以换开1000日元的纸钞和500日元的硬币。

A：这样啊。啊！我只有5000日元的纸钞……这可怎么办。

B：我记得5000日元好像确实是找不开的。你有Suica什么的吗?

A：啊，Suica的话我有。

B：有就可以坐。上车的时候刷卡就行。

A：太好了。那我就放心了。不过，车费的话，是根据下车的站来定的吗?

B：不是的，整条线上坐到哪里都是一个价。

A：这样啊。告诉我这么多，谢谢了。

B：不用谢。路上注意安全。

（在便利店）

A：打扰一下，我想寄个东西。

B：好的，先填一下这个单子。

A：呃，是全部都要填吗?

B：只填有红线框出来的地方就行了。

A：好的。是这里吗?

B：是的。你包裹里装的是什么?

A：衣服，还有一点吃的。

B：衣服和吃的对吧。那，请在这里填上"衣物和食品"。

A：好的。对了，这个可以指定派送时间吗?

B：可以的。麻烦从这几个时间段里选择一下。

A：呃，那就19点~21点吧。

B：好的。这边帮您受理了。运费是1500日元。

（버스 정류장에서）

A : 저기 죄송한데, 마쓰다 역으로 가는 버스는 여기가 맞나요?

B : 마쓰다 역? 아, 괜찮아요. 음…35번 하고 37번이네요.

A : 고맙습니다. 저기 버스 안에서 환전도 가능한가요?

B : 네, 됩니다. 천 엔짜리하고 오백 엔짜리라면요.

A : 그래요? 아, 오천 엔짜리 밖에 없네…큰일 났네.

B : 오천 엔은 거스름돈이 안 나올 텐데. Suica 같은 거 없어요?

A : 아 Suica 있어요. 이걸로 탈 수 있나요?

B : 네, 돼요. 탈 때 찍으면 돼요.

A : 다행이다. 마음이 놓이네요. 근데 금은 내리는 곳마다 다르지 않나요?

아뇨. 이 노선은 다 요금이 같아요.

B : 그렇군요. 가르쳐 주셔서 고맙습니다.

A : 다.

뭘요. 조심해서 가세요.

B :

（편의점에서）

A : 저기요, 물건을 보내고 싶은데요.

B : 네, 그럼 이 전표를 작성해 주세요.

A : 어…이거 전부 쓰는 건가요?

B : 이 빨간 선 안에 있는 것만 써 주세요.

A : 네. 이렇게 하면 될까요?

B : 네. 안에는 뭐가 들어 있나요?

A : 옷하고 음식이 조금 들어 있어요.

B : 옷하고 음식이요. 그럼 여기에 의류와 식품이라고 써 주시겠어요?

A : 네. 그리고 배송시간을 설정할 수 있나요?

B : 네, 가능합니다. 이 중에서 골라주세요.

A : 어… 그럼 19시에서 21시 사이로 할게요.

B : 네. 알겠습니다. 요금은 1500엔입니다.

section 2 ◀))54

（家電量販店で）

1 A：すみません、ちょっとこの洗濯機の説明が聞きたいんですけど。

F B：はい。こちらですね？　こちらはこのメーカーの最新型のものですね。ド
ラム式で、乾燥も短時間でできます。

A：7キロって書いてありますけど、何人用ですか？

B：7キロですと、だいたい2，3人用ですね。

A：ああ、もっと小さくていいんです。一人暮らしなんで。

B：それでしたら、こちらはいかがでしょうか。5キロですので、お一人なら
十分だと思いますが。

A：そうですね。でも、ちょっと高いなあ。ドラム式じゃないやつ①も見せても
らえませんか？

B：そうですね。こちらは…乾燥機能はありませんが、普通に使う分にはいい
ですよ。操作も簡単ですしね。

（病院〈皮膚科〉で）

2 A：はい、こんにちは。どうされましたか？

B：あの、腕の内側のところに赤いぶつぶつができちゃって。

A：ちょっと見せてください。ああ、確かに赤くなっていますね。かゆみはあ
りますか？

B：はい。すごくかゆくて、ついかいちゃって。そしたらますますかゆいところが
広がってしまったんですけど。それにだんだん腫れてきたような気がして。

A：そうですか。痛みは？

B：痛くはありません。

A：これはたぶん、毛虫に刺されたんですね。木の葉っぱに触ったりしません
でしたか？

B：あ、昨日公園で、木がたくさんあるところを歩きました。

A：そのときに触っちゃったのかもしれませんね。とりあえず塗り薬を出して
おきますので、様子をみてください。一週間分ね。

B：わかりました。ありがとうございました。

(At a Home Appliances Store)

1 A : Excuse me, could you explain how to use this washing machine?

B : Sure. This one, right? This is the latest model from this manufacturer. It is a drum-style and it can dry your clothes quickly.

A : It says 7 kg, but how many people is that for?

B : 7 kg would be for about 2 to 3 people.

A : Well, I could use a smaller one. I live on my own.

B : In that case, how about this. It's 5kg, I think it should be sufficient for one person.

A : Let me see. But it's a little expensive. Would you also show me the one that is not a drum-style?

B : Let's see. This one here…has no drying function, but it is nice for ordinary use. It's easy to operate as well.

（在家电批发店）

A : 不好意思，我想了解一下这个洗衣机。

B : 好的。是这台对吧。这款是这个厂家的最新款。滚筒式的，干燥功能耗时很短。

A : 这容量写着7公斤，大概可以几个人用呀？

B : 7公斤的话，大概可以2~3个人用。

A : 哦哦，有没有小一些的。我一个人住。

B : 这样的话，这边这款怎么样？5公斤的，一个人用的话应该足够了。

A : 确实。不过，这个有点贵了。我想看看不是滚筒式的那种。

B : 这样啊。这边这款的话没有干燥功能，但是平时用的话够用了。操作起来也比较简单。

（가전제품 판매장에서）

A : 저기요. 이 세탁기에 대해서 알고 싶은데요.

B : 네. 이거 말씀이시죠. 이 세탁기는 최신 모델입니다. 드럼식이고 건조도 단시간에 됩니다.

A : 7킬로라고 쓰여있는데 몇 인용인가요?

B : 7킬로면 거의 2~3인용이네요.

A : 아~ 그럼 좀 더 작아도 괜찮아요. 자취하거든요.

B : 그러시면 이쪽은 어떠세요? 5킬로라서 충분하실 것 같은데.

A : 그러네요. 근데 좀 비싼데…. 드럼식 아닌 것도 볼 수 있나요?

B : 그럼요. 이쪽은 건조 기능은 없는데 일상에서 쓰시기에는 좋아요. 조작도 간편하고요.

(At a Clinic <Dermatologist>)

2 A : Yes, hello. What is the problem?

B : Well, there are red spots on my inner arm.

A : Let me take a look. I see, it really is red, isn't it? Does it itch?

B : Yes. It is very itchy so I ended up scratching it. So the itchy area spread even more. And, it feels like it is getting swollen.

A : I see. Does it hurt?

B : I don't feel any pain.

A : This is likely to be a caterpillar bite. Did you do something like touch a leaf of a tree?

B : Well, I walked where there were a lot of trees in the park yesterday.

A : You might have accidentally touched one. In any event, I will give you some ointment, so please see how it goes. This is one week's worth.

B : OK. Thank you very much.

（在医院〈皮肤科〉）

A : 你好，哪里不舒服吗？

B : 那个，我手臂内侧长了些红色的小疹子。

A : 我看一下。啊，确实红了。会痒吗？

B : 是的，超级痒，我忍不住去挠，然后痒的地方范围越来越大。感觉还有点肿起来了。

A : 这样啊，痛吗？

B : 痛倒是不痛。

A : 这大概是被毛毛虫扎到了。你是不是碰了什么树叶之类的。

B : 啊，我昨天去了公园，在有很多树的地方散了步。

A : 那可能就是那会儿碰到了。我先开个外用药给你，看看情况吧。先开个一个礼拜的量吧。

B : 好的。谢谢。

（병원〈피부과〉에서）

A : 안녕하세요. 어디가 안 좋으신가요?

B : 그, 팔 안쪽에 빨갛게 오돌토돌한 게 생겨서요.

A : 좀 보여 주세요. 빨갛게 됐네요. 가려우신가요?

B : 네. 엄청 가려워서 긁었거든요. 그랬더니 자꾸 가려운 부분이 번지더라고요. 붓는 것 같기도 하고.

A : 그렇군요. 통증은요?

B : 통증은 없어요.

A : 이건 아마 송충이 같은 거에 물린 것 같네요. 나뭇잎을 만지거나 하셨나요?

B : 아, 어제 공원에서 나무가 많은 곳을 걸었어요.

A : 그때 만진 게 아닌가 싶네요. 일단 바르는 약을 드릴 테니까 지켜보세요. 일주일 분 드릴게요.

B : 알겠습니다. 고맙습니다.

（意見を述べる）

1 最近、小学生にスマートホンを持たせるのはよくないという意見を耳にします。本当にそうでしょうか。私は、スマートホンの良い面も考えるべきだと思います。例えば、スマートホンを持っていれば、危険な状況ですぐ保護者に連絡を取ることができます。また、保護者も子どもが今どこにいるのか、把握することが簡単になると思います。さらに、小さい頃からスマホを使うことによって、ITリテラシーも身につけられるでしょう。確かにスマホには危険性もあります。ゲームをやり過ぎてしまったり、SNSで危ない人とつながる可能性もあります。ですが、これらの問題点は保護者が注意することで、十分防げるのではないでしょうか。このように考えると、やはりスマートホンを小学生に持たせることは、害より利益のほうが大きいと言えると考えます。

（面接で・日本語学習の動機）

2 私が日本に興味を持ったきっかけは、子どもの頃見ていた日本のアニメです。中でも今もよく覚えているのは、「フラワー」というアニメです。日本人はみんなこんなにかわいい服を着て、キュートな髪型をしているのかと思いました。今思うと子どもっぽい考えですが、その頃の私にとっては憧れの生活でした。その後、母国で社会人になりましたが、しばらくすると仕事の内容に物足りなさを感じるようになりました。そんなとき、日本語学校の学生募集広告を見つけて、日本熱②が再燃しました。もちろんアニメの中の日本は現実ではないとわかっています。でも、日本語の勉強を通して新しい自分になり、将来は自分に合った、やりがいのある仕事につきたいと思っています。できれば環境を守ることにつながる仕事をしたいと思っています。以上が私の日本語学習の動機です。

(Stating Your Opinion)

1 Recently I heard about an opinion that it is not good to let elementary pupils carry a smartphone. Is that really the case? I think we should think about the positive sides of smartphones. For example, if a child has a smartphone, s/he can contact his/her parents if they are in a dangerous situation. In addition, I think it makes it easy for parents to know where the child is. Further, using a smartphone from a young age helps the child acquire IT literacy. It is true that a smartphone could pose a danger. It is possible for them to play games too much on the phone or get connected with someone dangerous via SNS. However, these potential problems could be completely prevented if the parents address them. Thinking along these lines, I think I can say that having a child carry a smartphone presents more advantages than problems, after all.

(At an Interview/Motivation for Studying Japanese)

2 The reason I got interested in Japan is the Japanese anime I watched as a child. Of all the anime I have seen, I remember the anime called "Flower" particularly well, even to this day. I thought that all Japanese dressed in such pretty clothes and had a cute hairstyle. Looking back, it was a childish way of thinking, but it was the life I wished I had back then. Later, I grew up and became a member of society in my home country, but after awhile I started to feel something was lacking in my job. It was at this time that I found an ad recruiting students for a Japanese language school, and my love for Japan was rekindled. I know, of course, the Japan of the anime world is not reality. But through the study of Japanese language, I hope to become a new me and find a job that is fulfilling and suits me in the future. If possible, I'd like to have a job that is connected to protecting environment. That is why I am motivated to learn Japanese.

(意见表述)

最近，经常听到人们说，给小学生配备智能手机不好。真的是这样吗？我觉得也应该想想智能手机好的一面。比如说，有手机的话，孩子们在遇到危险时就可以及时联系监护人。监护人也可以随时掌握孩子们在哪里。而且，从小接触智能手机，也可以培养孩子们的IT素养。确实，智能手机有一定的危险性。比如孩子们可能会沉迷游戏，也可能会在社交网络平台上接触到一些危险人物。但是，如果监护人加以留意的话，应该是足以避免这些问题的吧？如果这么想的话，给小学生配备智能手机，应该还是利大于弊的。

(面试时・学习日语的动机)

因为小时候看的一部日本的动漫，我开始对日本产生了兴趣。其中有一部叫"フラワー(花儿)"的，我现在还记忆犹新。当时我还以为所有日本人都是穿着动漫里那种可爱的衣服，梳着可爱的发型的。现在想起来，这个想法真是很幼稚，但是我还是很憧憬这样的生活。之后，我在自己的国家上了班，工作了一段时间，但是总觉得哪里不太满意。就在那时，我看到了日语语言学校的招生广告，心中对日本的热爱又再次复燃了。当然，我也知道动漫中的日本和现实中的日本不能混为一谈。不过，通过学习日语，我实现了自我蜕变，希望将来能够找到一份适合自己的、有价值的工作。如果可以的话，我想从事与环境保护相关的工作。这些就是我学习日语的动机。

(의견 말하기)

최근, 초등학생에게 스마트폰을 사 주는 것이 좋지 않다는 의견이 들려옵니다. 정말 그럴까요. 저는 스마트폰의 좋은 점도 생각해 봐야 한다고 생각합니다. 예를 들어, 스마트폰을 가지고 있으면 위험한 상황에서 바로 보호자에게 연락할 수 있습니다. 또한 보호자도 아이들이 지금 어디에 있는지 쉽게 파악할 수 있습니다. 물론 스마트폰에는 위험성도 있습니다. 게임을 지나치게 많이 하거나 SNS에서 위험한 사람을 만날 가능성도 있습니다. 그러나, 이러한 문제점은 보호자가 주의하면 충분히 방지할 수 있지 않을까 생각합니다. 이렇게 생각하면 역시 초등학생에게 스마트폰을 사 주는 것은 단점보다 장점이 더 크다고 할 수 있겠습니다.

(면접에서, 일본어 공부의 계기)

제가 일본어에 흥미를 가진 계기는 어렸을 때 본 일본 애니메이션입니다. 그중에서도 지금도 기억하고 있는 것은 '플라워'라는 애니메이션입니다. 일본 사람은 모두 그렇게 예쁜 옷을 입고 귀여운 헤어스타일을 하고 있는 줄 알았습니다. 지금 생각하면 어리지만 그때의 저한테는 동경하는 생활이었습니다. 그 후, 모국에서 사회인이 되었지만 얼마 후 업무내용에 부족함을 느끼게 되었습니다. 그때 일본어 학교에서 학생 모집 광고를 보고 다시 일본어 공부의 열정이 다시 불타올랐습니다. 물론 애니메이션 속의 일본은 현실 이 아니라는 걸 알고 있습니다. 그렇지 만 일본어 공부로 새로운 자기 자신이 되고, 미래에 자신에게 맞고 보람이 있는 일을 하고 싶습니다. 가능하면 환경보호와 관계있는 일을 하고 싶습니다. 이상 제가 일본어 공부를 시작하게 된 동기입니다.

（旅先での出来事）
たびさき　　　　できごと

1 先日、初めて一人旅をしたんです。雪が見たかったので、ネットでいろいろ
せんじつ　はじ　　ひとりたび　　　　　　　ゆき　み

調べて、札幌に行くことにしました。「さっぽろ雪まつり③」をやっていた
しら　　　さっぽろ　い

ので、面白そうだなと思って。近くには温泉もあるし。で、行ってみてびっ
おもしろ　　　　おも　　ちか　　　　おんせん

くりしたのは、やっぱり寒さでした。もう、この辺の寒さなんて比べ物にな
さむ　　　　　　　　　へん　　くら　もの

らないくらい寒かったですよ。雪像のライトアップが見たいと思って、夜出
さむ　　　　　　せつぞう　　　　　　　　　　　　　　　よる　で

かけたんですけど、寒過ぎて10分も歩くと体が震えてくるんです。何枚も
さむす　　じゅっぷん　ある　　からだ　ふる　　　　　なんまい

重ね着をして、ダウンコートも着込んでたんですが、途中で我慢できなくな
かさ　ぎ　　　　　　　　　　　き　こ　　　　　　　とちゅう　がまん

って、ストーブのあるテントに駆け込みました。でも、地元の高校生らしい
か　こ　　　　　　　　じもと　こうこうせい

女の子が、素足で短いスカートを履いて歩いていたのには、すごーく驚き
おんな　こ　　すあし　みじか　　　　　　は　　　　　　　　　　　　　　おどろ

ました。あの女子高生の姿が、札幌で一番びっくりしたことかもしれません。
じょしこうせい　すがた　さっぽろ　いちばん

（映画の感想）
えいが　　かんそう

2 この間、『大声で叫べ』っていう映画を見たんだけど、なかなかよかったよ。
あいだ　おおごえ　さけ　　　　　えいが　み

C 主人公はサッカーの選手で、ジャンルで言えばスポーツ映画っていうことに
しゅじんこう　　　　　　せんしゅ　　　　　　い　　　　　　　えいが

なるんだけど。すごく弱くてお金もないサッカーチームで、みんな自信がな
よわ　　　かね　　　　　　　　　　　　　じしん

くて試合なんか最初からあきらめてるのね。その中で一人だけハングリー精
しあい　　　さいしょ　　　　　　　　なか　ひとり　　　　　　　せい

神④がある選手がいて、チームが少しずつ変わっていくんだけど、まあいわ
しん　　　せんしゅ　　　　　　すこ　　か

ゆるハッピーエンドにはならないわけ。うん、ただ「頑張って成功しまし
がんば　　せいこう

た」っていうんじゃなくて、選手のドロドロした⑤一面なんかも描かれてて、
いちめん　　　えが

すごくリアルだなって感じたなー。ネタバレ⑥になっちゃうからこれ以上は
かん　　　　　　　　　　　　　　　　　　　いじょう

言わないけど、見る価値はあると思うよ。ほんと、おすすめ。人生観、変わ
い　　　　　　み　かち　　　　おも　　　　　　　　　　　じんせいかん

るよ。

(What Happened on My Trip)

1. The other day, I traveled alone for the first time. I wanted to see some snow, so I did an Internet search and decided to go to Sapporo. They were having the Sapporo Snow Festival, so I thought it would be fun. And there is a hot spring nearby. So I went, but I was surprised how cold it was after all. It was so cold that the coldness around here is no comparison. I went out at night, hoping to see the snow statutes lit up, but it was too cold and my body began to shake after walking for about 10 minutes. I had layers of clothes and down coat on top of that, but I couldn't stand any more, so I ran into a tent with a heater. However, when I saw a girl who seemed to be a local high school student wearing a short skirt with her legs bare, I was terribly surprised. It may be that how the female high school student dressed was the most surprising thing in Sapporo for me.

(在旅行时发生的事)

前些日子，我第一次一个人去旅游了。因为想看雪，我就在网上搜了很多资料，得知札幌一直有举办"札幌冰雪节"，感觉还挺有趣的，附近还有温泉，就决定了要去札幌。等到了以后，最让我吃惊的是，真的很冷。和我们这里的冷完全不是一个级别的。因为想看看灯光映照下雪雕，我就在晚上出门了。但是才走了十分钟，就冷得直发抖。虽然穿了好几层衣服，还穿了羽绒服，然而逛到一半还是坚持不住，转身冲进了有暖炉的帐篷。可是当地的那些看着像高中生的女孩子们却光着腿穿着短裙在路上走，着实让人震撼。这次在札幌让我最震惊的大概就是这些女高中生们的打扮了。

(여행지에서 있었던 일)

얼마 전 혼자서 여행을 갔어요. 눈을 보고 싶어서 인터넷을 찾아보고 삿포로에 가기로 했죠 '삿포로 눈 축제'를 하고 있길래 재미있을 것 같아요. 근처에 온천도 있고요. 가서 놀란 건 역시 추위였어요. 이쪽 추위하고는 비교도 안 될 정도로 추웠거든요. 눈 조각상 조명 쇼를 보고 싶어서 밤에 나갔는데 너무 추워서 10분 걸으면 몸이 떨려오는 거예요. 옷도 몇 개나 껴입고 패딩도 입었는데 중간에 못 참고 스토브가 있는 텐트에 뛰어들어갔어요. 근데 그 동네 고등학생으로 보이는 여자애가 맨 다리에 짧은 치마를 입고 걸어가는 걸 보고 엄청 놀랐어요. 그 여고생 모습이 삿포로에서 제일 놀랐던 것 같아요.

(Impression of the Movie)

2. Recently I watched a movie called "Shout Out Loud," and it was quite good. The protagonist was a soccer player, so the movie genre would be a sports movie. The soccer team wasn't very good and they didn't have any money, so no one had any confidence and they had given up winning the match from the beginning, you know. Among them was this one and only player who had a hungry spirit and s/he drove the team to change little by little, but well, it still didn't have the so-called happy ending. Yep, the movie is not like the "we worked hard and became successful" type of thing, and it depicted the ugly side of the players as well. I felt it was very realistic. I won't tell you any more because that would be a spoiler for the story, but I think it's worth watching. Really, I recommend it. It'll change your perspective on life.

(电影观后感)

最近我看了一部叫《大声で叫べ（放声呐喊）》的电影，还挺不错的。主角是个足球运动员，要给电影分类的话，应该算是体育运动类的吧。本来是一个又弱又穷的足球队，队员们也都没有自信，本来都放弃参加比赛了。但是队伍中出现了一位不甘现状，坚韧不屈的选手，虽然最后并非是顺利取胜的结局，但却因为他，整个队伍在比赛中发生了一些改变。但是讲的并不单单是一个"只要努力就能成功"的故事，里面还描绘了运动员们内心阴暗的一面。非常真实。说多了就变成剧透了，我就说到这里。我认为还是值得一看的。真心推荐。看了会改变人生观的。

(영화 감상)

얼마 전에 '소리쳐라'라는 영화를 봤는데 꽤 재미있더라. 주인공이 축구선수고 장르는 스포츠 영화인데. 엄청 약체에다 돈도 없는 축구팀에서 다들 자신도 없어서 경기도 처음부터 포기하는 거야. 그중에서 혼자 헝그리 정신이 뛰어난 선수가 있어서 팀이 조금씩 변해가는 건데. 흔한 해피엔딩이 아냐. 응, 그냥 '열심히 해서 성공했습니다'라는 게 아니라 선수들의 얽히고설킨 인간관계도 담아내서 굉장히 리얼하더라. 스포가 될까 봐 여기까지만 하는데 볼 가치는 있는 것 같아. 진짜, 추천. 인생관이 바뀔 거야.

① やつ

物や人を指す、カジュアルな言い方です	A casual way to express a thing or a person.	指代人或物，是一种非正式的说法。	물건이나 사람을 가리키는 가벼운 표현입니다.

② 日本熱
にほんねつ

○○熱で、そのことに夢中になることを表します。	"○○熱(○○fever)" refers to someone getting crazy about something.	"○○熱" 表示热衷于某事。	"○○熱(○○열)"로 쓰며 그것에 빠져있다는 것을 나타냅니다.

③ さっぽろ雪まつり
ゆき

北海道の札幌で毎年行われる雪と氷の有名なお祭りです。	A famous festival for snow and Ice, which is held every year in Sapporo, Hokkaido.	位于北海道的札幌，每年都会举行以冰与雪著称的庆典活动。	홋카이도 삿포로에서 매년 개최되는 눈과 얼음 축제입니다.

④ ハングリー精神
せいしん

もっと上の地位に上りたいという強い気持ち。	A strong desire to climb the ladder.	不甘现状，努力向上的强烈情感。	더 높은 곳으로 올라가고 싶은 강한 마음.

⑤ ドロドロした

心の汚い部分が見えるような様子を表す擬態語です。	An onomatopoeia to exoress the situation where one can see ugly part of one's heart.	拟态词。描述暴露内心阴暗面的样子	마음속에 있는 추한 부분이 보이는 것 같은 모습을 나타내는 의태어입니다.

⑥ ネタバレ

映画や本の内容が見たり読んだりする前にわかってしまうという意味です。	It means that the content of a movie or book became known before one watches or reads.	指在看电影或看书之前被剧透，知道内容。	영화나 책을 보기 전에 내용을 알게 된다는 뜻입니다.

コラム ❻ 日本語学習者にインタビューしました！

It interviewed the studying Japanese person.
对正在学习日语的同学们进行了采访 / 일본어를 배우시는 분들께 인터뷰를 했습니다!

Q：シャドーイングの練習をして、あなたの日本語はどう変わりましたか？

文法を考えないで日本語がスルッと口から出てきたときは、びっくりした。

シャドーイングで練習した言葉が、実際の会話で出てきたとき、嬉しかった。

日本人にどうしてそんな表現を知っているの？とおどろかれた。

お気に入りの日本語が増えた。

会話形式のシャドーイングは実生活での応用が大いに期待できます。みなさんも学校や電車の中でシャドーイングを練習して、自然な日本語を身につけましょう。

Q：How has your Japanese changed after you started using shadowing?

I was really surprised when I didn't think about grammar and I spoke Japanese in a very natural manner.

I was very happy when the words I practised with shadowing came up in real conversations.

I was asked, "How come you know expressions like that?", by surprised Japanese people.

I've found more Japanese expressions that I really like.

You can really expect to be able to put the conversations that appear in Shadowing into practical use in everyday life. Practice shadowing at school or on the train so natural Japanese becomes second nature.

Q：在练习了影子跟读之后，你的日语有了什么样的变化？

让我吃惊的是，说日语的时候能够不用思考语法就脱口而出了。

在影子跟读的练习中学会的语句出现在实际对话中的时候，我会觉得很开心。

有日本人对我为什么会知道这样的说法而感到惊讶。

我喜欢的日语的表达方式增加了。

会话形式的影子跟读，在现实生活中有较高的实用性。大家也可以在学校里或者车上练习影子跟读，一起来掌握更为自然的日语表达方式。

Q：섀도잉 연습을 통해 , 여러분의 일본어는 어떻게 변했습니까 ?

문법을 생각하지 않아도 일본어가 바로 튀어나왔을 때 너무 놀랐다 .

섀도잉에서 연습한 말이 실제 회화할 때도 나와서 기뻤다 .

어떻게 그런 표현을 알고 있냐며 일본인이 놀라워했다 .

즐겨 쓰는 일본어 표현이 많아졌다 .

회화형식으로 된 섀도잉은 실생활에서 바로 응용할 수 있습니다 . 여러분도 학교나 전철 안에서 섀도잉을 연습해서 자연스러운 일본어를 익히도록 합시다 .

● ● ● ● ● ● ● **著者紹介** ● ● ● ● ● ● ●

齊藤仁志（さいとうひとし）　ふじやま国際学院・校長

深澤道子（ふかざわみちこ）　カイ日本語スクール・講師

掃部知子（かもんちかこ）　カイ日本語スクール・元講師

酒井理恵子（さかいりえこ）　カイ日本語スクール・講師

中村雅子（なかむらまさこ）　カイ日本語スクール・講師

吉本惠子（よしもとけいこ）　東京女子大学 現代教養学部・講師

新・シャドーイング

日本語を話そう！ 初〜中級編
英語・中国語・韓国語訳版

New・Shadowing : Let's speak Japanese!
Beginner to Intermediate Edition
English, Chinese, Korean translations

2020年12月15日　第1刷
2024年 8月29日　第5刷

著者	齊藤仁志・深澤道子・掃部知子・酒井理恵子・中村雅子・吉本惠子
発行人	岡野秀夫
発行所	くろしお出版

〒102-0084　東京都千代田区二番町4-3
Tel 03-6261-2867　Fax 03-6261-2879
URL https://www.9640.jp　Mail kurosio@9640.jp

印刷	亜細亜印刷
翻訳	髙田裕子（英語）
	Glen-Paul Amick（英語）
	金雨卉（中国語）
	李涏美（韓国語）
本文・装丁デザイン	鈴木章宏
編集	市川麻里子
音声	ボイス・プロ&ビデオサポート

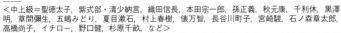

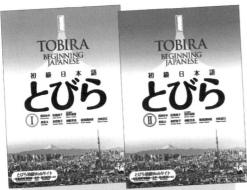

 **音声について**
おんせい
Audio Files/关于音频/음성에 대해

音声はこちらからダウンロードして、
練習してください。

Please download audio files and use them for practice.
请从此处下载音频进行练习。
음성은 여기에서 다운받아 연습하세요.

https://www.9640.jp/shadowing/

ご案内

 Yomujp
にほんご たどくどうじょう
日本語多読道場

おんせいつ よ ものきょうざい
音声付き読み物教材
Reading and Listening materials

虫《むし》　　　　パン《ぱん》　　　日本のまち「仙台」（にほんのまち「せんだい」）

がくしゅうしゃ きょうみ も　　　　　　　　　　　よ もの　　　　　　べつ けいさい
学習者が興味を持つトピックについて、読み物をレベル別に掲載した
　　　　　　　　　　　　き がる　　　よ　　 じしゅうよう　　にほんご じゅぎょう
ウェブサイト。PCやスマホで気軽に読める。自習用や、日本語の授業に。